DES RIRES ET DES LARMES

Pour Léonard…

Pour W., un soldat la câline… mais surtout les clowns…

Philippe Limon

DES RIRES ET DES LARMES

LA JOIE DE LIRE
depuis 1987

ENCRAGE

Sans doute les grands noms sont-ils créés
pour vivre indépendamment de ceux qui les portent.

Tchekhov

1

Assis à son bureau, Jakob regardait par la fenêtre. Le soir tombait, sa lampe était allumée et projetait des ombres familières sur les murs. La pluie avait cessé et il neigeait un peu. La chambre était silencieuse. Seul le poêle ronflait derrière lui.

De temps en temps, il entendait des voix dans le couloir quand d'autres enfants passaient devant sa porte pour gagner les étages. Les flocons descendaient lentement, suspendus à des fils invisibles qui les faisaient danser.

« On dirait qu'ils ont peur de toucher le sol, on dirait qu'ils veulent remonter dans le ciel », pensa-t-il.

Le long de l'allée qu'il distinguait à peine, la neige était sale, elle s'amoncelait sur les côtés, tandis qu'une couche épaisse recouvrait entièrement le parc. Les arbres semblaient des squelettes noirs.

Jakob songea alors au printemps, au plaisir d'ouvrir la fenêtre le matin et d'entendre les feuilles frissonner dans le vent, au plaisir de rester un moment accoudé, le menton dans la paume de la main, à rêver, à observer les premiers bourgeons – et les oiseaux – qui un peu partout montraient le bout du nez.

Mais l'hiver commençait à peine. Et la fenêtre ne serait plus ouverte avant longtemps.

Jakob soupira.

Ses cahiers d'écolier étaient empilés devant lui, mais il n'avait pas envie de finir ses devoirs qui, d'ailleurs, ne l'intéressaient guère.

Comme chaque soir après la classe, il avait suivi les autres en étude puis il était remonté dans sa chambre. Mais il n'avait pas terminé son travail. Tandis qu'il regardait ses camarades penchés sur leurs livres ouverts devant eux, il s'était dit : « Tans pis si je me fais punir demain ! Ça m'est égal ! »

Il avait de toute façon la tête ailleurs et s'était contenté de griffonner et de dessiner plutôt que d'achever les calculs qu'il trouvait ennuyeux et bien trop compliqués.

2

Ce soir, pour la première fois, les enfants iraient au cirque.

Depuis que le nouveau directeur avait pris ses fonctions, les choses avaient bien changé.

Contrairement à son prédécesseur, qui se contentait de vivre parmi eux sans vraiment chercher à les connaître – les réprimander, ça, il savait le faire ! – c'était un homme ouvert et attentif aux besoins des enfants. Il se voulait proche des garçons et chaque jour, au réfectoire, il déjeunait à une table différente pour échanger avec eux. Quand ses obligations lui en laissaient le temps, il n'hésitait pas à les rejoindre pour disputer une partie de football sur le terrain derrière le bâtiment principal de l'orphelinat. Désormais, les enfants allaient plus souvent au cinéma. Ils avaient l'autorisation d'organiser des fêtes d'anniversaire et, dès le début de l'été, il veillait à ce qu'on les divertisse et à ce qu'on les emmène chaque jour se baigner dans le lac. Ainsi, ils échappaient à la chaleur étouffante qui régnait dans les chambres, en cette saison.

3

Jakob se réjouissait d'aller au cirque. C'était la raison pour laquelle il avait délaissé ses devoirs et préférait regarder tomber la neige en rêvassant.

Ce soir-là, c'était la troisième et dernière représentation. Le lendemain le chapiteau serait démonté et le cirque quitterait la ville.

Après tout, c'était quand même une soirée un peu particulière, une soirée dont on se souviendrait longtemps ! On se coucherait tard au beau milieu de la semaine, ce qui, de mémoire d'orphelin, ne s'était encore jamais produit.

« Et puis après on rentrera en pleine nuit, je crois que je ne me suis encore jamais promené la nuit en hiver… »

Curieux et impatient, Jakob s'imaginait déjà rentrer dans le froid le long des trottoirs enneigés et mal éclairés. Il se voyait au milieu des autres enfants qui, de retour, parcourant les rues glacées, emmitouflés dans leurs manteaux, leurs grosses écharpes de laine enroulées autour du cou, les mains gantées, les pieds bien au chaud dans leurs bottes et de la buée plein le visage, repensaient avec plaisir au spectacle.

4

Dès qu'ils avaient appris la nouvelle, les enfants en avaient beaucoup parlé entre eux. Certains, comme Jakob, se demandaient ce qu'on pouvait voir au cirque. Ceux qui avaient déjà eu la chance d'y aller s'étaient soudain sentis importants. Pour se faire valoir, exagérant un peu, ils avaient alors évoqué les acrobates, les dompteurs et les clowns, mais aussi les magiciens, les musiciens et les trapézistes.

Jakob n'avait pas perdu une miette de leurs conversations et de leurs fanfaronnades. Puis chaque soir, dans son lit, il avait essayé de se représenter ce monde inconnu et bouillonnant qu'il allait bientôt découvrir. Avant de s'endormir, il s'était figuré d'énormes lions qui bondissaient au travers de cerceaux en flammes, c'est ce que lui avait raconté un des grands du deuxième étage, des otaries maladroites qui comptaient avec leur nez ou bien encore des cavaliers qui, sans crainte du danger, échangeaient leurs chevaux en pleine course.

Il avait hâte de pénétrer sous le grand chapiteau plein de cris et de regards avides.

Il se demandait ce qui lui plairait le plus.

5

Comme chaque soir depuis des années, Eugène le clown se grimait devant son miroir. Quatre ampoules en forme d'étoile l'éclairaient vivement. Eugène se maquillait toujours avec le plus grand soin. Les couleurs ne devaient surtout pas se mélanger. Il étalait d'abord le fard blanc jusque dans son cou, puis le fard rouge et enfin le noir. Une toute petite touche de noir. Un sourcil tracé en oblique au-dessus de son œil droit qui ressemblait à un éclair et qui lui donnait un air à la fois canaille et sévère lorsqu'il coiffait son chapeau pointu.

Pour l'heure, Eugène appliquait le rouge sur ses joues. Le blanc était déjà posé et presque sec. Légèrement penché en avant vers le miroir, les coudes sur la tablette, il prenait son temps.

Le reste de la roulotte était plongé dans l'obscurité. En dehors du ronronnement du poêle et du tic-tac régulier de l'horloge accrochée au mur derrière lui, elle était silencieuse. À peine entendait-il respirer son chien Argos qui dormait à ses pieds, le museau allongé sur ses pattes avant croisées devant lui.

Eugène étalait le fard à la main, puis le lissait méticuleusement avec un mouchoir. Il avait un peu froid malgré le poêle qui rougeoyait. Quelques bûches étaient disposées dans un seau métallique cabossé près de la porte.

Chaque soir, Eugène devenait un autre.

Chaque soir, son visage s'estompait peu à peu et disparaissait.

Lorsque la représentation était terminée, il regagnait sa roulotte et Leo, son partenaire, retournait dans la sienne toute proche.

De retour, il s'asseyait de nouveau face à son miroir et il prenait le temps de s'examiner un instant, songeur, puis il se démaquillait avec le même soin qu'il avait mis à se préparer un peu plus tôt dans la soirée.

Alors, par petites touches, son visage se matérialisait de nouveau dans la lumière vive du miroir.

6

Leo était son partenaire depuis de longues années.

Lorsqu'il avait été engagé, il était encore un clown débutant, mais déjà très prometteur. Il avait remplacé Arthur, le vieux clown insolent qui partageait l'affiche avec Eugène et qui avait pris sa retraite. Pour commencer, Leo s'était contenté de reprendre le rôle d'Arthur et, par la suite, Eugène et lui avaient mis au point de nouveaux numéros.

Quelquefois, après la représentation, ils s'asseyaient tous les deux sur les marches de la roulotte d'Eugène. Tandis qu'ils fumaient et regardaient s'éteindre les derniers feux du campement, ils bavardaient un peu. D'autres fois, ils erraient côte à côte pendant des heures, au hasard dans la nuit des villes inconnues. Puis ils rentraient enfin se coucher, ne tenant plus de fatigue.

7

Eugène achevait de s'habiller en silence. Argos avait levé les yeux et le regardait attentivement en inclinant la tête de droite et de gauche et en poussant de petits gémissements de satisfaction, comme si lui aussi allait assister à la représentation du soir. Sa queue battait le plancher.

— Tu es content de sortir, toi, hein ! Le froid ne te fait pas peur, dit Eugène au chien.

Il vivait tout de même un peu à l'étroit dans sa roulotte, la seule maison qu'il eût jamais connue depuis de longues années. Son précieux costume de scène, qu'il avait lui-même dessiné autrefois, reposait sur un cintre suspendu au plafond. Il était blanc, éclatant, scintillant et toujours impeccablement repassé. Chaque soir, Eugène le décrochait avec précaution, puis, comme si c'était la première fois qu'il le portait, il enfilait délicatement son pantalon, revêtait sa veste à la taille bien ajustée, avant de passer ses énormes chaussures de scène qui le faisaient marcher de travers.

Lorsque tout fut en ordre, Eugène sortit, suivi d'Argos qui dévala l'escalier et disparut.

La lumière blafarde de l'ampoule au-dessus de sa porte se reflétait dans les flaques au bas des marches. Il avait neigé dans la matinée puis il s'était mis à pleuvoir dans l'après-midi, et la neige avait fondu. Mais le ciel demeurait menaçant.

Eugène descendit en se tenant à la rampe et veilla à ne pas souiller ses chaussures. Il frissonna malgré la pelisse qu'il avait endossée par-dessus son beau costume. Il se frotta les mains, les enfonça dans les poches de son manteau, puis regarda autour de lui.

Le brouillard était posé à même le toit de sa roulotte et la fumée de la cheminée s'évanouissait sitôt qu'elle s'était échappée du conduit. Les autres roulottes somnolaient dans la brume. Elles étaient disposées en cercle autour de ce qui ressemblait à une petite place déserte où brûlaient, depuis la tombée du soir, plusieurs braseros qu'alimentait Hector, l'homme à tout faire.

Comme chaque soir, Eugène pouvait entendre l'ours qui, un peu plus loin, tournait en rond dans la neige, toujours affamé à cette heure-là, toujours enchaîné à son pieu, toujours pressé d'entrer en scène pour être enfin nourri. Comme chaque soir, sa grosse chaîne de bagnard ferraillait dans la nuit. Eugène songea alors à toutes les contorsions et à toutes les galipettes auxquelles l'animal devait se livrer pour obtenir quelques menus poissons. Puis il pensa encore : « Au moins une chose est sûre : c'est qu'il n'a pas froid, lui, dans cette nuit glaciale ! »

Au-delà des roulottes, sur la gauche, les lumières multicolores du chapiteau attiraient irrésistiblement le regard. Eugène se dit qu'il ressemblait étonnamment à un navire à l'ancre sur une mer étale et invisible où clignotaient de grosses étoiles.

Un souffle invisible agaçait les braseros dont les flammes gesticulaient avant de se lancer à l'assaut du brouillard.

Ici ou là, la lucarne minuscule d'une roulotte était encore éclairée.

Eugène entendait le public acclamer les artistes.

À cette heure-là, c'étaient les trapézistes qui se produisaient.

« Ils ont toujours autant de succès », songea-t-il.

En effet, soir après soir, les spectateurs étaient immanquablement très impressionnés par leurs voltiges aussi téméraires que dangereuses. Soir après soir, ils retenaient leur souffle, tous ensemble, soudain inquiets et silencieux, le visage tendu vers le faîte du chapiteau où les trapézistes donnaient l'impression d'être suspendus en l'air. Puis, aussitôt le danger écarté, ils s'animaient à nouveau, remuaient sur leurs sièges, soulagés, et applaudissaient à tout rompre.

Eugène se laissa distraire une seconde par l'image des acrobates qui s'envolaient dans leurs tenues chatoyantes au-dessus de la piste circulaire, où lui-même n'allait pas tarder à apparaître.

Il avait hâte d'entrer en scène, ne serait-ce que pour pouvoir se réchauffer au plus vite. À présent, il grelottait.

Leo l'attendait près des braseros, splendide dans son costume de scène. Les gouttelettes invisibles du brouillard rehaussaient les brillants disséminés çà et là sur sa veste trop large et son pantalon bouffant.

— Tu es prêt ? demanda Leo qui claquait des dents.

— Je suis prêt, dit Eugène.

— Allons-y alors, j'ai trop froid. Et puis de toute façon, dans quelques minutes ce sera à nous. Il fera meilleur dans les coulisses.

Et ils disparurent alors en titubant côte à côte dans le brouillard.

8

Jakob vivait dans cet orphelinat depuis quelques années déjà. Il en détestait les longs couloirs sombres et les murs tristes, mais il aimait le parc et les arbres centenaires qui semblaient avoir poussé au hasard. Jakob n'avait jamais connu ses parents et n'avait aucune famille. Il était passé d'orphelinat en orphelinat à mesure qu'il grandissait, solitaire et renfermé, toujours un peu à l'écart des autres.

À l'âge de neuf ans, un matin au retour du printemps, il avait tout à coup ouvert sa fenêtre, avait glissé la tête entre les barreaux et s'était exclamé fièrement : «Jamais je ne passerai un autre hiver ici, entre ces murs, jamais ! » Ensuite, il avait commencé à réfléchir à son évasion qui lui était vite apparue comme une chimère, parce qu'il ne savait pas ce qu'il ferait une fois qu'il se serait enfui. Que ferait-il seul, sans nulle part où aller, de quoi vivrait-il ? Ne se ferait-il pas arrêter au premier coin de rue comme un simple voleur ? Ne le ramènerait-on pas aussitôt de force à l'orphelinat ? Il y avait fort à parier que si ! Le directeur ne manquerait pas de très vite signaler sa disparition aux autorités. Quand on l'aurait repris, et qu'on lui demanderait sa destination, il n'aurait sans doute rien à répondre, ne le sachant pas lui-même.

Mûrissant tout de même son projet, Jakob avait pensé qu'une fois dehors il pourrait toujours se faufiler dans une grange pour dormir pendant la journée, enfoui dans le foin, et voyager de nuit, mais pour aller où ? Il avait pensé qu'il pourrait toujours voler des fruits dans les vergers et peut-être même pêcher quelques poissons en se bricolant une canne à pêche, ou bien voler des œufs dans les poulaillers pour survivre. Mais dans quel but ?

« Et qu'est-ce que je ferai après, quand l'hiver sera de nouveau là ? » s'interrogeait-il.

Toutes ces idées qui se bousculaient dans sa tête lui paraissaient de plus en plus fantaisistes. Pourtant il fallait bien qu'il s'en aille, quel avenir l'attendait ici ?

Chaque printemps, ce désir effréné de liberté s'emparait à nouveau de lui, devenait plus fort que lui. Mais, après des semaines de lutte silencieuse avec lui-même – semaines pendant lesquelles il échafaudait toutes sortes de plans, pendant lesquelles il avait la sensation que tous le regardaient étrangement comme un coupable comme si son intention de filer à l'anglaise pouvait se lire sur son visage aussi bien que dans un livre ouvert, alors qu'il n'en avait jamais touché mot à personne –, il se sentait épuisé et vaincu.

Chaque année, donc, à la même période, il était à l'affût, il avait les mains moites, le regard torve, il se sentait observé, espionné, et il faisait des cauchemars tant la lutte entre son désir et sa raison l'empêchait d'être en paix. Jusque-là, la raison l'avait toujours emporté et il s'en voulait.

Au fond de lui, il savait néanmoins qu'il se berçait d'illusions et qu'il était encore trop jeune, qu'il y avait trop de risques, trop d'incertitudes. Dans quelques années, quand il aurait grandi, il pourrait toujours fuir, vagabonder, s'embarquer sur un bateau, disparaître et gagner sa vie.

Mais l'hiver qui s'annonçait le trouva de nouveau dans sa chambre, résigné malgré lui à affronter les longs mois de neige, de brouillard et de nuit.

9

Jakob demeurait solitaire au milieu de tous. S'il s'entendait assez bien avec quelques-uns de ses camarades, il aimait par-dessus tout sa solitude et le silence de sa chambre, surtout pendant ces interminables mois d'hiver où ce n'était pas le froid, la neige et les engelures qui le préoccupaient le plus, mais l'enfermement à venir. Jakob n'aspirait plus qu'à l'espace et à la liberté.

Pour cette raison, la pensée de se rendre au cirque l'enchantait. Cette sortie inattendue romprait la monotonie de la vie à l'orphelinat qui lui pesait toujours davantage à mesure qu'il grandissait.

10

La nuit était tombée à présent. Plongés dans la brume, les réverbères du parc éclairaient difficilement la neige. Comme des plumes, quelques rares flocons vacillaient de nouveau derrière sa fenêtre.

Jakob calcula que s'il allait se laver sans tarder, il y avait de grandes chances pour qu'il soit seul aux douches et qu'il puisse prendre son temps. Ce soir, comme toujours, les autres retarderaient ce moment le plus possible, sans toutefois pouvoir y échapper.

11

De retour dans sa chambre après la douche, Jakob s'habilla devant son miroir, arrangea les plis de sa veste, et coiffa soigneusement ses cheveux parce qu'il désirait soigner un peu son apparence pour l'occasion. Et quand il fut prêt, il descendit au réfectoire en pensant : « Un jour tu partiras d'ici pour de bon, Jakob, je te le promets, ne t'inquiète pas. »

Mais, une fois de plus, il ignorait s'il devait écouter cette étrange voix intérieure qu'il connaissait trop bien et qui, chaque année au printemps, lui répétait la même chose et lui jouait des tours.

12

Il était l'un des derniers à arriver à table. Le réfectoire était bruyant et Jakob songea que ce serait vraisemblablement la même chose plus tard, sous le chapiteau. La même attente dévorante.

Comme toujours, les garçons étaient affamés.

Sa place était libre au milieu du banc habituel.

— Alors tu es prêt pour le spectacle, Jakob ? lui lança son voisin.

— Je crois, répondit Jakob qui ne savait pas exactement ce qu'il voulait dire.

— En tout cas, tu t'es fait beau, on dirait que c'est toi la vedette !

Jakob se fâcha, poussa son camarade du coude pour s'asseoir et lui dit :

— Oh, toi, ça va, au lieu de me dire n'importe quoi, tu ferais mieux d'aller prendre ta douche parce que tu ne sens pas très bon !

Et l'autre, vexé, ne répondit rien.

13

Un peu plus tard, les garçons étaient alignés sur deux rangs dans la neige, sous la lumière pâle de l'entrée. Les plus jeunes devant et les plus âgés derrière. Il faisait froid. Chaque fois que l'un d'eux parlait, un petit nuage de buée se formait devant lui. Mais ils étaient tous bien couverts. Avant de prendre la tête du groupe, lorsqu'il obtint enfin le silence, le directeur leur dit :

— N'oubliez pas que nous devons rester ensemble pendant le spectacle. Je compte sur vous pour veiller les uns sur les autres, et surtout sur les plus petits d'entre vous. Je vous souhaite une bonne soirée à tous. Et maintenant, allons-y, ne perdons pas de temps. Ce serait vraiment dommage d'arriver en retard.

Ils prirent par le parc, longèrent l'allée déneigée, puis traversèrent la ville silencieuse noyée dans la nuit d'hiver. Toutes les boutiques étaient fermées, les rideaux de fer étaient tirés, les rares passants s'empressaient de rentrer chez eux.

Jakob regardait la ville comme s'il ne l'avait encore jamais vue.

Lente et muette, la rivière sinuait péniblement entre ses berges gelées. Lorsqu'ils s'en approchèrent, l'eau emporta leurs reflets au loin.

Jakob avait hâte de pénétrer sous le chapiteau. Mais l'esplanade où le cirque s'était installé se trouvait de l'autre côté de la ville.

Derrière lui, deux grands évoquaient les dompteurs comme s'ils avaient eux-mêmes été dompteurs. Jakob, qui savait bien à qui il avait affaire, se disait qu'au fond ils n'y connaissaient peut-être rien et se vantaient seulement pour épater la galerie.

En attendant, ils piétinaient comme les autres sur les trottoirs verglacés !

14

Tout à coup, au détour d'une rue, Jakob le vit apparaître au loin dans l'obscurité. Il avait été dressé aux abords de la ville, en limite des champs et, avec la distance, éclairé comme il l'était, il ressemblait à un vaisseau majestueux qui, sans s'inquiéter du brouillard, appareillait en pleine nuit pour une destination lointaine.

Ne le quittant pas des yeux, Jakob se demanda combien de temps et de patience, combien de bras, il avait fallu pour le monter.

Plus la petite troupe s'en approchait et plus il était émerveillé.

Il y avait déjà foule lorsqu'ils arrivèrent.

Jakob observa les guirlandes de lumière de toutes les couleurs qui, certes, peinaient à illuminer le ciel, mais qui clignotaient dans la neige. Déblayée à la hâte, elle formait de petits monticules tout autour de l'entrée.

Non loin, dans la pénombre, se tenait tout un village de roulottes rangées en cercle. Leurs cheminées fumaient. Des fenêtres étaient encore éclairées. « Les artistes restent chez eux tant que le spectacle n'a pas commencé », se dit-il.

Ainsi c'était là qu'ils vivaient, dans des maisons qui n'étaient pas vraiment des maisons, dans des maisons itinérantes, sans attaches, libres, libres d'aller de par le monde.

« Ils sont peut-être à l'étroit, songea-t-il, mais au moins eux ils peuvent aller où ils veulent. »

Lui aussi aurait aimé posséder une maison comme celle-ci. Il y aurait passé le reste de ses jours bien au chaud et en sécurité. Il n'aurait jamais laissé personne l'en déloger, jamais !

À ce moment-là, il aurait donné beaucoup pour s'écarter un instant du groupe et explorer ce village nomade. Et tandis que, bousculé par les uns et chahuté par les autres, il pénétrait transi sous le chapiteau, il se voyait déjà grimper les marches de sa roulotte, il s'imaginait en pousser la porte et s'installer. Il pensait au poêle qui devait bourdonner à l'intérieur, au lit douillet qu'il ne manquerait pas d'y trouver. Alors, il pourrait enfin parcourir le monde et avoir peut-être un endroit où aller.

15

Assis au troisième rang, Jakob avait regardé le spectacle avec passion. Il avait applaudi à s'en faire mal aux mains. Et même s'il faisait toujours un peu froid sous le chapiteau – tout le monde avait gardé son manteau –, il avait les joues rouges d'excitation.

Les acrobates l'avaient impressionné, les trapézistes lui avaient fait tourner la tête jusqu'à lui donner le vertige. Plusieurs fois il avait eu peur et, comme ses camarades, il avait crié parce qu'il était sûr qu'ils allaient tomber et s'écraser sur la piste tant leurs voltiges semblaient impossibles et périlleuses. À plusieurs reprises, il avait retenu son souffle, comme si sa propre vie dépendait de leurs acrobaties tout là-haut.

La confiance du dompteur l'avait ébloui. Il n'avait pas hésité à mettre sa main puis sa tête dans la gueule du tigre, sans se départir de son calme et de son sourire, tandis qu'une rumeur inquiète parcourait l'assistance.

À présent, Jakob attendait les clowns avec impatience. Après toutes ces émotions, il avait franchement envie de rire.

Il commençait à s'impatienter quand Eugène et Leo firent irruption sur la piste, précédés de la musique tonitruante de l'orchestre installé sous ses yeux. Ils se poursuivaient gauchement, gênés par leurs grosses chaussures, comme si leur numéro avait déjà commencé dans les coulisses.

Puis ils s'immobilisèrent enfin au centre de la scène et saluèrent le public.

16

C'était chaque soir le même scénario.

Dès leur apparition, les enfants les acclamaient sans relâche et tapaient des pieds dans les gradins. Ils scandaient leurs noms que le présentateur portant chapeau claque argenté et moustaches démesurées avait annoncés un peu plus tôt.

Le chapiteau était violemment éclairé.

Tout en haut pendaient les trapèzes, désormais au repos.

Tous les visages étaient tournés vers les clowns. Les enfants ne voulaient rien perdre du spectacle.

Eugène, lui, ne regardait personne, ne voyait personne excepté Leo qui se démenait près de lui. Depuis toujours, depuis qu'il se produisait en tant que clown, tous les visages dans le public ne formaient jamais pour lui qu'un seul et unique visage, un visage bienveillant, tour à tour souriant et ému, un visage aux yeux gigantesques, à la bouche énorme, un visage chaque soir différent, toujours entièrement gagné à sa cause, toujours prêt à tout lui passer, un visage qui éclatait de rire à chacune de ses facéties.

Autant dire que lorsqu'il faisait face au public, Eugène ne voyait plus rien, si ce n'est ces yeux immenses et cette bouche tout aussi immense qui dansaient devant lui.

En revanche, la nuée de projecteurs disposés autour de la scène l'aveuglait toujours un peu.

17

Jakob aussi avait hurlé leurs noms. Et maintenant, il les regardait évoluer sur la piste. Le grand clown au merveilleux costume blanc sur lequel brillaient des étoiles s'appelait Eugène. Un éclair noir était peint au-dessus de son sourcil droit, et il portait un minuscule chapeau qui lui donnait un air coquin. L'autre, plus petit, était lui aussi vêtu d'un costume éclatant et répondait au nom de Leo.

Depuis un moment, ils allaient et venaient en tous sens, ils se hélaient, se disputaient, interpellaient le public et le prenaient à partie, ils tombaient, se relevaient, s'aspergeaient d'eau et de mousse, ils s'esclaffaient, puis geignaient, puis se poursuivaient à nouveau. Leurs grosses chaussures de scène claquaient sur le sol.

Eugène possédait une voix puissante et chaude, comme Jakob n'en avait encore jamais entendu, tous ses gestes trahissaient une force et une assurance merveilleuses.

Il était là, à quelques mètres de lui à peine, gracieux malgré tout dans sa feinte maladresse.

Jakob ne pouvait détourner les yeux.

Eugène le clown le fascinait et le bouleversait.

Et, alors que tous les enfants autour de lui riaient des pitreries successives des deux clowns, Jakob se sentit tout à coup seul au monde et se mit à pleurer à chaudes larmes. Dès lors, il ne vit plus rien du spectacle.

18

À force de gesticuler, Eugène commençait à avoir chaud. Il transpirait même dans son lourd costume. Quelques grosses gouttes de sueur perlaient sur son front à la lisière de ses sourcils. Son maquillage ne risquait pourtant pas de couler.

Les enfants applaudissaient à tout rompre. Les adultes qui les accompagnaient tout autant. L'orchestre semblait déchaîné et infatigable.

Les deux compères étaient déjà parvenus à ce moment du spectacle où Leo est assis par terre, jambes écartées. Il fait mine d'être abasourdi par le méchant coup de bâton que vient de lui asséner Eugène et il se frotte vigoureusement la tête à deux mains pour soulager un peu la douleur. Pendant ce temps, Eugène, très en colère, se munit d'un nouveau seau de mousse et invective sans répit son partenaire abasourdi et sans défense, tandis que les enfants l'encouragent.

— Alors comme ça, criait-il, tourné vers le public avec un large sourire complice qui semblait couper son visage en deux, alors comme ça fripon, chenapan, ami indigne, alors comme ça, tu comptais m'assommer pour me voler ma fiancée, c'est bien ça, hein, dis, coquin ?

Menaçant, Eugène tenait son seau de mousse d'une main et, de l'autre, faisait des signes indignés aux spectateurs pour qu'ils prennent parti contre Leo.

La fiancée, affolée, s'était réfugiée derrière le rideau à gauche de la scène. C'était une belle écuyère qui tremblait et redoutait la vengeance d'Eugène.

— Non, compère, hurlait Leo terrorisé, se frottant toujours la tête. Non pas du tout, tu te trompes, je te le jure ! C'était pour faire peur aux chiens que je me promenais avec un bâton, tu sais bien depuis que tu me connais que j'ai très peur des chiens !

Mais Eugène demeurait intraitable et se moquait de Leo derrière son dos.

Les enfants huaient Leo.

— Ah, tu voulais faire peur aux chiens avec ton bâton et tu dis que tu me le jures ! Menteur… tu ferais bien d'avoir très peur de moi maintenant, coquin !

Leo continuait de le supplier d'être clément avec lui.

— Oui, je te le jure, Eugène…

Et Eugène dévisageait tour à tour Leo et l'écuyère qui s'était risquée à sortir un peu la tête de derrière le rideau pour voir ce qui se passait. Eugène fronçait le sourcil, l'éclair noir au-dessus de son sourcil fulgurait. Il tenait le seau plein de mousse à deux mains désormais, il tapait du pied, il ne tenait plus en place, il jubilait tandis que Leo, qui n'osait pas encore se relever, l'implorait désespérément et tâchait de l'attendrir un peu. Les enfants riaient et attendaient la suite les yeux écarquillés.

— Je te le jure, Eugène ! Si tu es mon ami, alors permets-moi de m'en aller maintenant, comme ça vous pourrez rester seuls tous les deux…

— Ah, tu entends nous laisser seuls ! Vaurien… tu y seras bien obligé, vois-tu !

Et, à ce moment-là, Eugène se tournait toujours vers l'immense visage du public qui se trémoussait devant lui, puis il demandait ouvertement narquois et insolent :

— Vous y croyez, vous, à son histoire ?

L'immense visage s'enflammait aussitôt.

— Non ! grondaient les enfants.

Certains se dressaient sur leur siège, au comble de l'excitation, d'autres se penchaient pour mieux voir par-dessus les épaules de leurs voisins.

— Vous n'y croyez pas ?

Eugène, pendant ce temps, armait belliqueusement son bras.

— Non ! criait l'immense visage qui avait les joues en feu.

Alors, tandis qu'Eugène ajustait son seau, Leo, on ne peut plus maladroit, tentait une dernière fois de se dresser pour échapper à son châtiment. Mais, impitoyable, Eugène l'aspergeait aussitôt de mousse tandis qu'il riait aux éclats. Puis, triomphant, goguenard et fier de son coup, il levait les bras au ciel et s'écriait invariablement :

— Voilà pour toi mon brave, voilà pour toi !

Et après ça, les cymbales de l'orchestre éclataient et les timbales tonnaient.

La belle écuyère souriait enfin.

Sa vengeance magistralement accomplie, Eugène se dirigeait ensuite tout droit vers elle, qui ne tremblait plus, et il la prenait par la main. Puis ils saluaient, envoyaient des baisers au public et quittaient la scène sous des tonnerres d'applaudissements, aussi décidés que s'ils avaient encore un long chemin à parcourir ensemble. Lui allait les pieds en dehors et une main au côté, tandis qu'elle se dandinait dans son habit d'écuyère et faisait de nombreux petits pas pour le suivre.

Et pendant qu'il voyait les deux traîtres s'éloigner main dans la main, Leo, impuissant et recouvert de mousse des pieds à la tête, pleurait, faisait des grimaces, puis se débarbouillait lentement le visage et tâchait de nettoyer au mieux son beau vêtement détrempé. Enfin, il disparaissait à son tour, sous les acclamations des enfants, tête basse et traînant les pieds.

19

Mais ce soir-là, au moment où Eugène armait son bras pour déverser son seau de mousse sur la tête de Leo, sans qu'il ne sache exactement pourquoi, il leva les yeux et regarda droit devant lui le mur vacillant des visages réjouis qui, comme chaque soir, ne formaient plus qu'un immense visage anonyme. Dans la cohue hilare qui s'égosillait et trépignait, il aperçut alors les grands yeux d'un enfant qui pleurait.

« Mais que se passe-t-il ? » se demanda Eugène.

Il crut une seconde que ses propres yeux, harassés par la lumière des projecteurs, lui jouaient des tours, mais tandis qu'il plongeait de nouveau son regard dans la foule, il dut se rendre à l'évidence : il ne rêvait pas.

Un enfant pleurait bel et bien.

Aussitôt, l'immense visage coutumier s'évanouit et ne demeura face à lui qu'un minois d'enfant où roulaient de grosses larmes.

Dès lors Eugène ne vit plus que ce visage-là, dès lors il ne pensa plus qu'à ce visage-là, perdu dans l'écume changeante de la foule qui l'acclamait.

Pourtant, la musique tonitruante de l'orchestre ainsi que les hauts cris des spectateurs lui indiquaient assez qu'il était grand temps d'asperger Leo. Mais Eugène demeurait figé sur la piste. Soudain, le temps ne passait plus. Soudain, le temps s'était arrêté au bord des paupières de l'enfant qui pleurait.

«Mais qui est cet enfant? Pourquoi pleure-t-il?» se questionna-t-il.

Les musiciens pouvaient jouer tant qu'ils voulaient, ils pouvaient bien répéter les mêmes mesures pendant des heures, rien n'aurait pu le tirer de sa torpeur. Eugène pensait qu'il ne pourrait jamais ajuster son seau qui pesait de plus en plus lourd. Tout à coup, les pleurs silencieux de l'enfant l'en empêchaient. Eugène ne comprenait pas ce qui lui arrivait, mais il avait la sensation qu'il s'était métamorphosé en statue. Une statue qui se dressait sur la piste, vêtue d'un costume de clown rutilant que tous les clowns du pays auraient pu lui envier. Une statue qui, au beau milieu du vacarme, n'entendait plus rien.

Un silence inattendu occupait ses pensées.

Le seau restait piteusement suspendu entre ses mains, un mince filet de mousse s'en échappait. Le seau n'était plus désormais l'instrument ordinaire de son courroux, mais un simple seau rigoureusement inutile. Sa vengeance de commande s'était refroidie.

L'écuyère, puisque Eugène tardait, était presque totalement sortie de sa cachette. Incrédule, elle observait ce qui se passait sur scène tandis que l'orchestre faisait d'incroyables efforts pour faire passer le temps.

Leo ne souhaitait pas demeurer en reste. Il avait compris qu'il se passait quelque chose d'inhabituel. Il connaissait trop bien Eugène pour imaginer le contraire. Aussi s'était-il lancé dans une série de cabrioles improvisées puisque son châtiment se faisait attendre.

Eugène, toujours immobile, figé, extatique, était pris de vertige. Il transpirait plus que de coutume. Il redoutait tout à coup que, cette fois, son maquillage ne finisse par couler. «Mais enfin qu'est-ce qui m'arrive ?»

La foule, qui n'avait aucune idée de ce qui se produisait, vociférait à plein poumon : «Eu-gène ! Eu-gène ! Eu-gène !», tandis que le cœur d'Eugène cognait dans sa poitrine sous son costume.

Alors, il fixa une fois de plus l'enfant qui, au troisième rang, versait de grosses larmes. Une seconde, il crut qu'il allait sur-le-champ laisser son seau là, qu'il allait abandonner l'écuyère à son sort et aussi bien Leo pour se glisser dans la foule et réconforter l'enfant. Mais que se passait-il donc ? Est-ce qu'on allait laisser cet enfant pleurer encore longtemps sans le consoler ?

Le public criait à tue-tête, l'orchestre tournait en rond, l'écuyère, de nouveau dissimulée derrière son rideau, trouvait le temps long. Leo improvisait de son mieux. Le public, ignorant, pouvait croire que ce fâcheux contretemps faisait partie du spectacle.

Mais les grosses larmes brillantes de l'enfant, aussi grosses que des perles tombées du ciel dans la lumière éclatante du chapiteau, ne faisaient, en aucun cas, partie du spectacle.

Pétrifié, Eugène se demandait comment il était possible qu'un enfant pleure ainsi pendant son numéro, quand des centaines d'autres riaient et tapaient des pieds.

C'était parfaitement incompréhensible.

Quelque chose lui échappait.

Mais quoi ?

La seconde s'acheva enfin. Elle avait duré une éternité. Jamais, d'aussi loin qu'il se souvienne, jamais dans toute sa vie, une seconde n'avait été aussi longue, pensa-t-il plus tard.

Soudain, Eugène remua enfin et l'orchestre s'apaisa. Leo cessa son petit manège qui avait fait diversion un moment et revint s'asseoir jambes écartées au centre de la piste, tandis que la mousse s'envolait en un flot épais et gluant. Alors, tout sembla rentrer dans l'ordre. La vengeance s'était accomplie.

Puis très vite, avec une précipitation inhabituelle, Eugène attrapa la main que la belle écuyère lui tendait et, toujours pressé, il disparut enfin, comme chaque soir, les pieds en dehors, pendant qu'elle sautillait pour suivre la cadence forcenée qu'il lui imposait sous les applaudissements redoublés du public et les roulements de timbales.

20

Lorsque le directeur vit Jakob en larmes, il s'inquiéta, le surveilla du coin de l'œil et patienta jusqu'à la fin du numéro des clowns pour le rejoindre. Mais bizarrement le numéro s'éternisait. Le clown blanc, figé sur la scène avec son seau de mousse à la main, semblait être ailleurs et avoir oublié son rôle. Cependant, quand les deux clowns et l'écuyère eurent enfin disparu sous les acclamations frénétiques du public, il en profita pour changer de place avec un des enfants et s'assit à côté de Jakob qui sanglotait .

— Que t'arrive-t-il, mon garçon ?

Mais Jakob ne voulait pas répondre, ne pouvait pas répondre, il ne pouvait que pleurer et pleurer encore. Des sanglots soulevaient sa poitrine sans qu'il puisse les maîtriser.

Pour le réconforter, le directeur passa son bras autour de ses épaules et lui dit :

— Tu veux que nous sortions un moment prendre l'air ?

Jakob fit oui de la tête en reniflant, et ils sortirent dans le froid. Ils eurent beaucoup de mal à se frayer un chemin parmi les rangées de spectateurs qu'ils dérangeaient. Quelques camarades de l'orphelinat regardèrent partir Jakob sans comprendre. Au passage, dans la cohue, le directeur prévint un des accompagnateurs qu'il sortait un moment avec Jakob qui se sentait mal. Qu'ils ne reviendraient peut-être pas.

Il s'était remis à neiger. Devant l'entrée du chapiteau, les flaques d'eau recommençaient à geler. Les guirlandes de lumière s'y reflétaient.

— Que se passe-t-il ? Tu veux rentrer ? demanda le directeur.

Et Jakob fit encore oui de la tête, mais ne put prononcer un mot. De toute façon, il ne voulait pas parler. Il n'aurait su quoi dire. Ils se mirent alors en marche et, côte à côte, ils traversèrent la ville endormie. Le directeur ne lui demanda plus rien.

Jakob ne se souvint jamais clairement du retour en sa compagnie qui demeura dans sa mémoire comme un rêve. Il se rappelait seulement le brouillard, ses pleurs et la violente émotion qui l'avait submergé tandis qu'il regardait Eugène évoluer sur la piste dans son splendide costume étoilé. Il se souvenait seulement que, plus tard, au fond de son lit, secoué de spasmes, il avait continué à pleurer longtemps et à vainement chercher le sommeil avant de s'endormir enfin, quelque peu apaisé.

21

Très vite, après qu'ils eurent franchi à grandes enjambées maladroites la courte distance qui les séparait des coulisses, Eugène lâcha la main de sa jolie fiancée qui le dévisagea, perplexe. Très vite, il attrapa sa pelisse jetée sur le dossier d'une chaise.

« Dépêche-toi, Eugène ! » s'encourageait-il.

Il ne se préoccupait pas de ce que pouvait faire Leo. Pour la toute première fois de sa carrière, il maudissait ces satanées chaussures qui l'empêchaient de courir et en était le premier surpris, tandis qu'il se précipitait à travers le brouillard en direction de sa roulotte.

Derrière lui, dans la nuit, sans qu'il y prenne garde, Leo lui cria :

— Eugène, Eugène, mais qu'est-ce qui se passe ?

Eugène ne lui répondit pas. Il continua à avancer droit devant lui.

Leo revint sur ses pas et questionna l'écuyère, mais il ne put en apprendre davantage.

Les braseros fumaient et se mouraient lentement sur la place. L'obscurité gardait les roulottes prisonnières.

L'ours affamé, attaché à son pieu, avait disparu. À cette heure, il avait emporté avec lui l'inquiétante mélodie de ses chaînes.

Il n'y avait aucune étoile visible dans le ciel. Le brouillard avalait tout.

Eugène sauta sur la première marche d'escalier de sa roulotte, ôta précipitamment ses chaussures, puis franchit en courant les trois autres marches. Au passage, sans lui dire un mot, contrairement à son habitude, il bouscula Argos qui l'attendait patiemment, roulé en boule sur l'étroit palier dans le halo diaphane de l'ampoule.

Après qu'il eut verrouillé sa porte, ce qui n'était pas dans ses habitudes non plus, Eugène se dévêtit en vitesse et jeta son beau costume de scène sur le lit. Jamais il n'aurait pensé en être capable. Son costume de scène était sacré. Pourtant, ce soir-là, la veste éclatante et le pantalon gisaient bel et bien en désordre sur son lit.

Puis il se démaquilla sommairement, sans vraiment prendre garde à ce qu'il faisait, ce qu'il n'avait jamais osé non plus. Dans le miroir, des yeux le regardaient d'un air courroucé et réprobateur. Il vit sa bouche et sa drôle d'expression. Qui voyait-il ? Eugène ? Un double d'Eugène ou bien encore le visage de l'enfant et ses grosses larmes étincelantes qui emportaient son maquillage ?

Ce soir, les quatre ampoules façonnaient des ombres insolites et sournoises.

Eugène se disait qu'il pourrait reconnaître cet enfant qui pleurait entre tous.

« Arrête de penser Eugène, tu n'as pas de temps à perdre ! »

Quelques clameurs étouffées parvenaient jusqu'à lui depuis le chapiteau.

Comme il achevait de nettoyer à la diable la couche de fard blanc qui recouvrait encore son cou, Eugène calculait qu'au même moment l'ours devait exécuter ses galipettes ridicules et s'adonner à toutes sortes de contorsions non moins ridicules en échange de quelques poissons frétillants et bleus qu'on voulait bien lui lancer en guise de récompense.

Donc il disposait encore d'un peu de temps.

Mais il fallait qu'il se dépêche.

Lorsqu'il eut terminé, il abandonna le coton souillé sur la tablette au lieu de le jeter dans le poêle, après quoi il se rhabilla en toute hâte, entortilla une grosse écharpe de laine autour de son cou, enfila de lourdes bottes de cuir fourrées, dévala l'escalier en bousculant de nouveau Argos qui, dubitatif, le regarda puis s'enfonça dans le brouillard en direction du chapiteau tandis qu'Argos se lançait à ses trousses.

Eugène voulait à tout prix retrouver l'enfant.

Les accessoiristes s'étonnèrent de le voir traverser les coulisses en courant. Tout le monde savait qu'après le spectacle Eugène s'enfermait un moment dans sa roulotte pour se reposer.

Sourd à leurs appels, il passa son chemin et se dissimula sans se faire voir derrière le rideau de scène, à l'endroit même où se tenait la belle écuyère un moment auparavant.

Au centre de la piste, l'ours dansait pesamment sur l'air bien connu que jouait l'orchestre. Une trompette espiègle sonnait chaque fois qu'il levait une patte. Le percussionniste rythmait la danse maladroite de l'animal avec ses timbales. Le public chantait, riait, battait des mains, envoûté par la mélodie facile, et l'ours se déhanchait de son mieux.

Le cœur battant, Eugène scruta la foule qu'il ne considérait plus du tout comme un seul et immense visage fendu d'un large sourire, mais comme une mer agitée et bruyante. Le visage immense s'était lézardé comme un vieux mur. Il n'existait plus.

Eugène savait exactement où l'enfant était assis.

Mais ce dernier avait disparu.

Il n'avait pourtant pas rêvé.

En effet, une place était vide au troisième rang.

L'enfant était donc déjà parti !

« Mais pourquoi est-il déjà parti ? » se demanda Eugène. « Pourquoi diable est-il parti avant la fin du spectacle ? »

Décidément, il ne comprenait plus rien ce soir !

Cependant, il n'y avait pas de temps à perdre ! Il n'y avait plus aucune raison de rester caché derrière le rideau pour examiner la foule en liesse qui applaudissait les dernières maladresses de ce pauvre ours toujours à moitié affamé.

S'il se dépêchait, il pourrait peut-être encore le retrouver. S'il venait de partir, il devait de toute façon emprunter la sortie réservée au public, située à l'arrière du chapiteau.

Eugène s'élança donc sans perdre un instant. Il quitta le chapiteau et le contourna. Argos, qui l'avait fidèlement attendu dehors, courut après lui, de plus en plus surpris.

En un rien de temps, il atteignit la sortie déserte et mangée de brume.

Il ne neigeait plus. Sur le sol, la neige foulée par des centaines de pieds était sale.

L'ouvreuse avait disparu. Un livre ouvert était posé sur sa table. Derrière sa chaise, un chauffage électrique rougeoyait.

Évidemment, l'enfant n'était pas là. Il aurait dû le savoir.

Sans réfléchir davantage, Eugène fit volte-face et se précipita dans l'allée boueuse qui conduisait à la route. Il ne savait pas pourquoi il courait encore ainsi. Ses grosses bottes de cuir claquaient dans les flaques verglacées.

Quelques minutes plus tard, il s'immobilisa sur le bord de la route, regarda autour de lui et prêta longuement l'oreille.

Mais il ne voyait rien, n'entendait rien. Rien. Personne. Pas un bruit. Si ce n'était la musique assourdie de l'orchestre qui arrivait jusque-là.

« Mais où donc est passé cet enfant ? Il ne s'est tout de même pas volatilisé ? »

Il était seul. Il haletait. À ses pieds, Argos haletait lui aussi.

La nuit était noire, profonde et terriblement froide, terriblement vide et parfaitement silencieuse, refermée sur elle-même et impénétrable. Seules quelques vagues lumières diffuses, perdues dans le brouillard, indiquaient les premiers faubourgs au loin.

Eugène les contempla un moment tandis qu'il reprenait haleine et frissonnait. Il était en colère.

Alors, le chien sur les talons, il se décida enfin à rebrousser chemin.

22

En longues files bruyantes et désordonnées, qui s'effilochaient une fois dehors, les spectateurs quittaient le chapiteau puis se dispersaient dans le brouillard, le bonnet enfoncé jusqu'aux oreilles et les mains au fond des poches de leurs manteaux. Certains riaient encore. Certains évoquaient les clowns, d'autres la danse de l'ours, d'autres encore les dompteurs intrépides ou les audacieux voltigeurs.

Eugène s'embusqua un peu à l'écart, presque invisible. Et tandis qu'il tâchait vainement de découvrir l'enfant dans la foule qui s'évanouissait peu à peu dans la nuit, il songeait qu'en toute logique l'enfant devait déjà être loin. Néanmoins, il ne regagna sa roulotte que lorsque les dernières lumières se furent éteintes sur les retardataires.

Eugène rentra et s'enferma chez lui à double tour. Argos le suivit et se coucha aussitôt sous le lit.

Il faisait bon à l'intérieur, mais, en prévision, Eugène jeta quelques bûches supplémentaires dans le poêle pour la nuit. Puis, avec grand soin, il replaça son précieux costume de scène sur le cintre qu'il suspendit au plafond renflé de la roulotte. Il mit un peu d'ordre, et s'occupa enfin d'Argos – qui se laissa volontiers caresser en allongeant le cou – à qui il adressa quelques paroles pleines d'affection pour se faire pardonner de l'avoir négligé. Ensuite, il se glissa dans son lit.

Une fois couché, dans le noir, il ne put s'empêcher de penser aux larmes de l'enfant.

« Qui est donc cet enfant ? Et pourquoi pleurait-il ? » ne cessait-il de se demander.

Peu après, Eugène se dit que Leo devait s'inquiéter et qu'il était certainement à sa recherche. Mais que, comme il n'y avait plus de lumière dans la roulotte, si jamais il venait, Leo croirait qu'il n'était pas chez lui.

Le chien dormait déjà. Il l'entendait respirer paisiblement. Par la fenêtre, il voyait le brouillard qui gagnait encore en épaisseur.

Un moment plus tard, il entendit effectivement Leo qui montait les marches de la roulotte et qui s'immobilisait sur le palier avant de redescendre sans oser frapper. Plus tard encore, alors qu'il ne parvenait toujours pas à trouver le sommeil, il entendit l'ours traverser le campement au bout de sa chaîne et la voix du dompteur après lui.

Puis il n'entendit plus rien. Et plus rien ne vint l'arracher à ses pensées.

Il resta longtemps sans dormir, au chaud dans son lit. Il écoutait la ronde régulière de l'horloge. Le poêle ronflait, le bois crépitait.

Quand il s'endormit enfin, la neige s'était remise à tourbillonner en silence.

23

Le lendemain, certains garçons se moquèrent de Jakob, mais la plupart le laissèrent tranquille. Ils étaient habitués à ses bizarreries et n'accordèrent aucune importance à ce qui s'était passé. Ils avaient passé une excellente soirée et c'était ce qui comptait. Les pleurs de leur camarade étaient déjà presque oubliés.

Jakob ignora tout bonnement leurs sarcasmes. Il s'y était de toute façon attendu.

À la fin du déjeuner, le directeur était venu le trouver à table et lui avait demandé de venir le rejoindre dans son bureau après la classe.

Quelques heures plus tard, Jakob longea donc le couloir mal éclairé qu'il connaissait bien, puis il grimpa lentement l'escalier non sans une certaine appréhension. Lorsqu'il frappa à la porte du bureau, son cœur battait très fort. Tout au long de l'après-midi, il s'était inquiété de ce que lui voulait le directeur.

Quand il y fut autorisé, il entra. Le directeur l'attendait. La lampe de son bureau était allumée, une tasse de thé fumait devant lui.

— Viens, installe-toi, mon garçon, veux-tu un peu de thé ?

— Non merci, monsieur.

Jakob s'était assis en face de lui. Dans le dos du directeur, par la grande fenêtre, il pouvait voir un coin du parc.

Après quelques questions sans importance, le directeur en vint au fait et lui demanda enfin :

— Est-ce que tu peux me dire ce qu'il t'est arrivé hier soir, Jakob ?

— Je ne sais pas ce qui s'est passé, monsieur. C'est la première fois que ça m'arrive.

Et c'était vrai, Jakob ne mentait pas.

Le directeur comprit qu'il disait la vérité.

— Peux-tu m'en dire un peu plus ?

Jakob avait eu le temps d'y repenser pendant la journée. Cela étant, il n'était pas plus avancé ni très fier de lui.

Eugène le clown l'avait tout simplement bouleversé et il ne savait pas pourquoi.

— J'ai été bouleversé par les clowns, enfin, surtout par Eugène le clown, monsieur, rien de plus. J'étais tellement ému en le voyant que je n'ai pas pu m'empêcher de pleurer. Je sais que ça peut sembler idiot…

Le directeur l'assura qu'il n'y avait là rien de stupide, bien au contraire, puis il poursuivit :

— Et depuis, as-tu réfléchi à cette émotion si soudaine, Jakob ?

— Oui et non, monsieur.

— Comment ça oui et non ? Explique-moi, veux-tu.

Jakob hésitait. Devait-il se confier au directeur ou se taire ? L'homme lui inspirait confiance. Il était bon. Mais tout de même…

Jakob gardait le silence.

Le directeur buvait son thé à petites gorgées silencieuses et le regardait.

— Alors…

Jakob se décida.

— Je n'avais encore jamais vu de clowns, monsieur, et je ne m'y intéressais pas particulièrement non plus. Mais maintenant, je crois que je veux devenir clown. J'en suis sûr, à vrai dire.

Le directeur semblait surpris.

— Tu veux devenir clown ?

— Oui, monsieur. Je voudrais quitter l'orphelinat et être clown. Je veux vivre dans une roulotte et parcourir le monde comme Eugène. Je veux porter un beau costume comme Eugène. Moi aussi je veux faire rire les enfants même si je n'ai pas toujours envie de rire. Avant la représentation d'hier soir, je n'avais jamais vraiment pensé à ce que je voulais faire, mais maintenant je veux être clown, je le sais.

— Bon… Mais si je me souviens bien, il me semble t'avoir entendu dire que tu voulais être charpentier, non ? Et maintenant, subitement, tu veux être clown…

Le directeur se leva et fit les cent pas devant la fenêtre les mains dans le dos. Puis se réinstalla derrière son bureau.

Mais face au mutisme de Jakob, qui baissait la tête et regardait ses pieds, il finit par annoncer :

— Écoute… tu ne crois pas que tu changes un peu trop vite d'avis, Jakob ? Il serait peut-être bon d'y réfléchir un peu plus, tu ne crois pas ?

— Non, monsieur, je ne crois pas. Je suis tout à fait sûr. Être charpentier, c'était une idée comme ça, pour faire comme les autres… je crois que je sais exactement pourquoi je veux être clown. Pourtant, j'aurais du mal à vous l'expliquer…

Le directeur soupira.

— Tu sais que ce n'est pas vraiment un métier… enfin…

— Non, je ne savais pas, monsieur… c'est quoi alors?

— Je ne sais pas quoi te dire au juste… c'est un peu compliqué. Je ne connais rien au cirque, mais j'imagine qu'on devient peut-être clown… excuse-moi… de père en fils.

Jakob ne fut pas décontenancé par ces dernières paroles. Tout le monde savait qu'il était orphelin.

— Je ne sais pas, monsieur. Moi, je n'ai pas de père, mais je veux quand même devenir clown. Évidemment, je ne sais pas du tout comment il faut faire. Est-ce que… par hasard… vous seriez d'accord, monsieur?

Jakob attendait la réponse avec anxiété. Le directeur avait naturellement son mot à dire. Dans quelque temps, il lui faudrait réfléchir au choix d'un métier, comme tous les autres garçons de son âge. Selon ce qu'allait répondre le directeur, il saurait à quoi s'en tenir. Soit il s'enfuirait pour devenir clown coûte que coûte – et cette fois il ne renoncerait pas et prendrait au pied de la lettre ce que lui murmurerait la petite voix –, soit il resterait et trouverait un moyen d'apprendre le métier.

— Je ne sais pas, Jakob, je ne peux pas te répondre tout de suite, je dois y réfléchir. Tu es le premier garçon que je rencontre qui veut être clown. Je n'en sais pas plus que toi. Il faut donc que je me renseigne. De toute façon, si tu es sincère et que c'est ce que tu veux vraiment faire, pourquoi t'en empêcher? Allez file en étude, à présent.

24

Le lendemain matin, le cirque quitta la ville. Il fallut démonter le chapiteau puis atteler les roulottes sous la neige qui tombait dru, qui s'amoncelait sur les toits et rongeait leurs couleurs vives, avant de se mettre en route en file indienne. Les cheminées fumaient. Le ciel était bas. Il gelait.

Après une journée de relâche, la troupe était attendue dans une autre petite ville.

Eugène demeura enfermé dans sa roulotte tout le temps du voyage. Il prétexta qu'il avait pris froid pour pouvoir rester seul.

Bien sûr, Leo était passé le voir de bon matin, bien avant le départ.

— Qu'est-ce qui ne va pas, Eugène ? Qu'est-ce qui t'est arrivé hier soir ? lui avait-il demandé.

— Rien… Rien de grave ! Je me suis juste senti très fatigué tout à coup. Rien d'autre. Je t'assure. Ne t'en fais pas. Avec ce temps, j'ai certainement dû prendre froid. C'est tout. Demain je serai sur pieds.

Leo lui avait préparé un thé brûlant, avait jeté quelques bûches dans le poêle et s'était assis sur le bord du lit pour bavarder un peu. Mais Eugène ne tenait pas à ce qu'il s'attarde. Pour autant il ne voulait pas le froisser non plus. Aussi, après un moment, finit-il par lui annoncer qu'il était épuisé et qu'il voulait dormir.

Qu'il souhaitait profiter du désœuvrement du voyage pour se reposer. Et Leo, qui avait remarqué ses traits tirés par le manque de sommeil, n'avait pas insisté et l'avait laissé en paix. Il lui avait promis de revenir plus tard.

Eugène n'avait pas l'intention de parler du garçon à Leo. En réalité, il ne voulait en parler à personne.

25

Le convoi s'était mis en route, il commença à faire bien chaud à l'intérieur.

Allongé sur son lit, Eugène ne pouvait penser qu'au visage déroutant de l'enfant. Il continuait à ne pas comprendre pourquoi ce garçon pleurait.

« Est-ce vraiment à cause de moi qu'il pleurait comme ça ? Et de qui d'autre sinon ? »

Il se demandait, incrédule, ce qui dans ses tours sans malice avait bien pu susciter de telles larmes.

Mais il n'en savait strictement rien. Et non seulement il n'en savait rien, mais il n'en pourrait jamais rien savoir non plus à moins de retrouver l'enfant.

Dans la quiétude de son modeste intérieur, à mesure que la roulotte glissait doucement sur la route, il ignorait ce qu'il allait faire à présent.

Il avait à moitié tiré ses rideaux. Il était confortablement installé. De temps à autre, les vitres se couvraient d'une fine pellicule de buée. Par la fenêtre, il observait le mouvement alangui du paysage, il admirait l'étendue blanche et monotone des prés ensevelis qui, à perte de vue, se déplaçaient à petite vitesse. Il apercevait les lignes brisées des clôtures plantées dans la neige qui continuait de tomber dans le plus grand des silences, ainsi que les silhouettes noires et implorantes des arbres tendues vers le ciel. Le monde était aussi blanc que son visage grimé de clown. Aussi lisse.

De temps à autre, le convoi traversait un village fantôme, à peine quelques maisons à demi enfouies sous la neige, aux façades muettes, aux fenêtres desquelles jamais personne ne se montrait. Lorsque par miracle quelqu'un s'aventurait à braver le froid glacial de cette matinée d'hiver morne et grise, il ne manquait jamais de lever la tête et de saluer le passage des roulottes. Quelquefois aussi, un chien intrépide aboyait sans raison après eux. Ce qui faisait grogner Argos qui, enroulé près du poêle, dressait l'oreille en dormant.

Eugène somnolait. Le bois crépitait. L'horloge menait la danse invisible de l'heure.

26

Cette fois, le cirque s'était installé pour quelques jours sur la place d'une accueillante petite ville. Les rues étaient tortueuses et pentues. Dans le centre, deux fières rangées de maisons aux pignons givrés et pimpants se faisaient face.

Ce soir-là, Eugène entra en scène soigneusement maquillé et vêtu de son beau costume. Comme toujours, Leo le suivit de près et le spectacle commença.

Ils ne s'étaient guère vus de la journée. Eugène était encore resté enfermé dans sa roulotte. Leo avait préféré ne pas le déranger. Mais il était un peu inquiet pour son ami.

Lorsqu'il pénétra sur la piste, Eugène ne put s'empêcher de vérifier si le garçon était de nouveau assis au troisième rang. Plus tard, à l'abri derrière le masque opaque de son maquillage, il se surprit à le chercher parmi les spectateurs. Mais, bien entendu, le garçon n'était pas là.

Comme chaque soir, les enfants riaient et applaudissaient.

Eugène, en revanche, n'avait pas le cœur à exécuter ses tours habituels. Il se sentait lent, engourdi et maladroit. Les seaux de mousse étaient désespérément lourds. L'eau était trop froide, la mousse trop collante. La piste sablée lui paraissait trop grande, il s'y perdait. Ses grosses chaussures le désespéraient.

Le vacarme syncopé de l'orchestre l'agaçait. L'écuyère semblait beaucoup moins attirante que d'ordinaire. Il était tout disposé à l'abandonner sans réserve à son rival de toujours.

À dire vrai, il se sentait las.

Leur numéro lui parut donc interminable et mécanique. Il n'en retira guère de satisfaction.

Tout le temps qu'il dura, Eugène n'aspira qu'à regagner sa roulotte et à se glisser dans son lit. Il n'était pas question qu'il aille plus tard déambuler avec Leo en ville. D'ailleurs il n'avait rien promis à Leo.

Quand ils rentrèrent ensemble sous la neige, Leo, de plus en plus préoccupé, finit par demander à Eugène, qui allait tête basse, s'il se portait mieux.

— Non, répondit Eugène, je dois vraiment couver quelque chose, je ne sais pas quoi. Je ne comprends pas ce qui m'arrive. Je me sens fatigué, terriblement fatigué.

La neige craquait sous leurs énormes chaussures.

Entre les roulottes, les braseros rougeoyaient encore malgré l'heure tardive. Les flammes happaient les flocons qui se balançaient doucement.

Argos dormait, blotti contre la porte. Il leva la tête quand il entendit Eugène et Leo arriver. Puis il s'engouffra dans la roulotte.

— Tu veux que j'entre un instant ? demanda Leo. Tu veux que je te prépare quelque chose de chaud ? À moins que tu ne préfères que nous bavardions un peu ?

— Non, merci, c'est gentil, Leo.

— Si tu te sens fatigué, il ne vaut mieux pas qu'on aille traîner en ville ce soir. Repose-toi plutôt.

Leo se sentait tout de même un peu peiné.

— Ne t'inquiète pas. Je vais me mettre au lit tout de suite. Ça ira mieux demain. Mais tu peux y aller toi, si tu veux. Essaie de trouver Hector et buvez un coup à ma santé, tous les deux.

— Non, nous irons une autre fois. Tu sais bien que je préfère y aller avec toi. Bonne nuit, mon vieux.

— Bonne nuit, Leo.

27

Le lendemain il avait cessé de neiger, mais le ciel était encore pesant, prêt à s'effondrer à tout instant sur la petite ville immobile.

Renseignement pris, le directeur du cirque, alerté par Leo, alla en personne quérir le meilleur médecin de la ville afin qu'il ausculte Eugène qui ne voulait pas se lever.

À la fin de la matinée, le médecin fit son entrée dans la roulotte d'Eugène. Très inquiets, Leo et le directeur se tenaient déjà à son chevet et les trois hommes se sentirent tout de suite un peu à l'étroit.

La roulotte était silencieuse, on entendait seulement le tic-tac de l'horloge et le poêle qui sifflait. Eugène n'avait pas prononcé un seul mot depuis le matin et c'est tout juste s'il avait tourné la tête lorsque le directeur et Leo étaient entrés. Il était pâle, les yeux cernés et rougis par la veille. Il regardait le ciel vide par la fenêtre. Un livre ouvert était abandonné sur le couvre-lit près de lui. Argos était caché sous le lit, mécontent de ce dérangement. Il ne savait pas, au juste, s'il devait tolérer la présence de ces intrus dans sa maison ou s'il fallait les en chasser. Dans le doute, il observait la scène sans broncher.

Les trois hommes debout autour du lit se lançaient des regards entendus. Le médecin se pencha au-dessus d'Eugène, l'examina, prit son pouls et le questionna, mais Eugène ne lui répondit pas.

— Mais qu'a-t-il, docteur? demanda le directeur qui n'y tenait plus.

Le médecin ne répondit pas tout de suite. Il demanda à Eugène de se redresser un peu et, les deux extrémités de son stéthoscope enfoncées dans les oreilles, il poursuivit son auscultation.

Lorsqu'il eut enfin terminé, il dit :

— Messieurs, soyez sans crainte pour sa santé. Il n'a rien. Il éprouve seulement une immense et inexplicable lassitude. Une lassitude qui pèse sur lui comme un toit chargé de neige, voyez-vous. Il faut absolument qu'il se repose.

— Mais comment va-t-on faire? demanda le directeur abasourdi par cette annonce qui ne semblait pas inquiéter le médecin outre mesure.

Il se tourna vers Leo et demanda encore, alarmé :

— Mais comment va-t-on faire ?

Ce dernier ne savait que répondre. Il haussa les épaules pour signifier son ignorance.

— Que lui est-il arrivé ? Est-ce que tu sais quelque chose, Leo ? Je ne l'ai jamais vu dans cet état ! Mais que va-t-on faire ?

— Ça lui a pris l'autre jour après le spectacle, dit Leo, et depuis c'est à peine s'il m'adresse la parole. Il n'est plus le même. On dirait un fantôme. Je suis très préoccupé à vrai dire…

Eugène les entendait, mais ne leur prêtait pas attention.

— Que faut-il faire d'après vous, docteur ? se morfondit alors le directeur.

Le médecin demeura un instant sans parler et observa Eugène qui avait fermé les yeux.

— Si j'étais vous, répondit le praticien tandis qu'il rangeait méticuleusement ses accessoires dans sa mallette grande ouverte posée sur le lit, si j'étais vous, je le laisserais se reposer quelque temps. Il ne peut décemment pas continuer à se produire aussi souvent dans l'état où il est. Cela pourrait empirer. Et vous devez en outre veiller à ce qu'il se nourrisse bien. C'est ce qu'il y a de mieux à faire selon moi. Messieurs, je vous salue, dit-il enfin alors qu'il reprenait son chapeau.

Puis il enfila son manteau et prit congé en jetant un dernier regard bienveillant, presque un regard de connivence, à Eugène.

Le directeur et Leo sortirent peu après lui et firent quelques pas ensemble dans la neige.

— Qu'allons-nous faire, Leo ? demanda encore une fois le directeur qui levait les yeux au ciel.

Leo réfléchissait.

— Il faudrait peut-être engager un autre clown, le temps qu'Eugène se rétablisse, vous ne croyez pas ?

— Je crois en effet que tu as raison. C'est certainement la meilleure solution. Mais je me demande vraiment qui va pouvoir remplacer Eugène, dit-il encore, atterré, en se grattant la tête.

28

Par la suite le directeur ne reparla plus à Jakob de leur entretien et Jakob pensa qu'il avait oublié tout ce qu'il lui avait confié ou alors qu'il lui avait menti pour gagner du temps en espérant que cette idée de devenir clown finirait par lui passer.

Ça ne lui ressemblait pas, mais Jakob ne pouvait s'expliquer autrement son silence. Il avait même l'impression, ce qui ne manquait pas de le troubler, qu'à présent, lorsqu'ils se croisaient, le directeur, d'habitude si avenant, l'évitait.

29

Jakob n'aspirait plus qu'à être clown. Il ne rêvait plus que de cela. Il voyait souvent Eugène dans ses songes, grand, éclatant dans son magnifique costume de scène. Il s'imaginait souvent vêtu comme lui, maquillé comme lui, avec un petit éclair noir au-dessus du sourcil. Il recommençait à penser au vaste monde, à penser qu'il fuirait dès que ce serait possible. Dès que l'hiver serait terminé, si d'ici là il n'y avait rien de nouveau.

Cependant, quand il voyait les barreaux à la fenêtre de sa chambre, il se décourageait et se sentait pris au piège. Alors, pour se consoler, il visualisait la roulotte qu'il voulait habiter, le lit qu'il mettrait dans le coin, la petite lampe sur sa table de nuit, les rideaux qu'il accrocherait aux fenêtres, le poêle qu'il remplirait à ras bord en hiver pour se réchauffer après le spectacle.

30

Pourtant quelques mois plus tard, à la toute fin de l'hiver, le directeur le convoqua de nouveau dans son bureau.

Jakob s'y rendit, indécis et tendu. Les yeux au plafond et les mains dans les poches, il parcourut une nouvelle fois le long et sombre couloir qui y conduisait. Il monta lentement l'escalier et, devant la porte, il hésita encore un moment avant de frapper.

Mais le directeur l'accueillit avec le sourire.

— Entre, Jakob, viens. Je t'attendais. Installe-toi.

Jakob prit place en face de lui comme la dernière fois.

Aussitôt, le directeur lui dit :

— J'ai attendu un peu avant de t'en reparler, j'espère que tu ne m'en veux pas. Es-tu toujours décidé à devenir clown ?

Jakob pensa que le directeur avait plutôt l'air joyeux.

« Qu'est-ce que tout ça veut dire ? » s'inquiéta-t-il avant de répondre tout de même :

— Oui, monsieur, je suis toujours bien décidé.

— Ce n'était donc pas une idée en l'air comme je l'ai craint un moment.

— Non, monsieur.

Jakob se demandait quelle direction allait prendre cette nouvelle conversation. Tout lui semblait incertain. Était-ce bon signe que le directeur ne lui en ait pas reparlé avant ? Il attendait impatiemment la suite.

— Bon, très bien. Je vais donc voir ce que je peux faire pour toi. Je voulais d'abord tester un peu ta détermination. À ton âge, on change souvent d'avis, tu sais. Je ne te promets toujours rien, mais je vais faire mon possible pour te donner satisfaction. Tu peux compter sur moi.

Jakob sourit. C'était donc ça.

— Je vous remercie, monsieur.

— Tu peux filer à présent… et prendre patience. Bonsoir, Jakob.

— Bonsoir, monsieur.

Il avait déjà la main sur la poignée de la porte quand le directeur lui dit encore :

— Une dernière chose Jakob : de meilleurs résultats scolaires m'aideraient considérablement dans ma démarche, tu t'en doutes…

Jakob le regarda droit dans les yeux et dit fièrement :

— Je crois que je vois ce que vous voulez dire, monsieur. Vous pouvez compter sur moi.

Prendre patience, c'était tout ce qu'il y avait à faire, effectivement. Et faire confiance à cet homme qu'au fil du temps il avait appris à apprécier.

« C'est quelqu'un qui, en général, tient ses promesses ! » se rassurait-il en descendant le grand escalier plein d'ombre.

Jakob décida donc de s'en remettre à lui et de patienter. Qui sait ce qui allait arriver ? Pendant ce temps, il fit tout son possible afin d'améliorer ses résultats scolaires. Ce qui, somme toute, s'avéra moins difficile que d'attendre et d'espérer.

31

Le cirque vagabond s'était remis en route à travers les paysages cristallins de l'hiver. Il s'éloigna et s'éloigna encore. Traversa le printemps puis traversa l'été.

Au tout début de l'hiver, il revint s'installer dans la petite ville où, l'année précédente, par hasard peut-être, le regard ébahi d'Eugène avait croisé le regard rempli de larmes de Jakob.

32

Au cours de cette année écoulée, Eugène n'avait, pour ainsi dire, plus adressé la parole à personne. Il ne parlait plus qu'avec Argos. Il ne s'était plus produit sur scène non plus. Il n'en avait plus le courage ni le désir. Il n'y pensait même plus.

Hippolyte, le nouveau clown qui avait été recruté pour le remplacer au pied levé le temps de sa maladie, comme disait pudiquement le directeur pour couper court aux rumeurs, faisait moins rire les foules. Leo l'épaulait de son mieux, lui montrait toutes les astuces qu'autrefois Eugène lui avait apprises. Mais, au fond de lui, il ne s'habituait pas à ce nouveau partenaire et attendait fébrilement qu'Eugène se rétablisse et reprenne sa place à ses côtés.

L'écuyère aussi.

33

De temps à autre, le directeur venait s'asseoir un moment auprès d'Eugène dans la roulotte, mais il conversait tout seul. C'est à peine si Eugène lui jetait un regard. Le directeur se contentait de prendre place sur une chaise et de lui raconter les dernières nouvelles de la troupe. Il lui faisait également part de ses inquiétudes. Il ne lui cachait rien. Parfois, lorsqu'il s'échauffait un peu, il lui arrivait de se taper sur les cuisses et il se trouvait alors parfaitement ridicule.

Il savait qu'Eugène ne l'écoutait pas, mais il ne renonçait pas à venir : il était persuadé qu'il l'entendait et qu'un jour, il finirait par lui dire quelque chose.

Pourtant, bien que patient et profondément optimiste sous des dehors soucieux, le directeur devait reconnaître qu'il ressortait de la roulotte chaque fois un peu plus dérouté. Il admirait Eugène, il le respectait comme on respecte un ami cher. Il le considérait comme l'un des plus grands clowns du pays. «Je suis immensément fier qu'Eugène se produise dans mon cirque, se disait-il. Et je ne suis pas moins fier de l'avoir découvert autrefois et d'avoir spontanément misé sur lui. Il ne m'a jamais déçu, mais cette fois… je ne comprends vraiment pas ce qui se passe…»

Certaines après-midi, Eugène venait s'installer sous le chapiteau pour observer les trapézistes qui s'exerçaient.

Certains soirs, il venait prendre place au troisième rang parmi les enfants et assistait incognito au spectacle.

Il scrutait inlassablement tous les visages. L'enfant, bien sûr, ne se montrait jamais.

Pour se rendre utile, Eugène commença un jour à nourrir les animaux de la ménagerie. Le directeur, toujours bienveillant à son égard, jugea que c'était là une excellente idée. « Ça l'aidera certainement à guérir », affirmait-il à qui voulait l'entendre.

Eugène promenait les animaux, il les faisait trotter, les brossait, les soignait. Il nettoyait méticuleusement leurs cages.

Plus tard, en compagnie d'Argos qui le regardait faire, impassible, il prit l'habitude de balayer les gradins après la représentation.

Le reste du temps, quelle que soit la saison, où que le cirque séjourne, aussi souvent qu'il le pouvait, il faisait de longues promenades dans la campagne ou dans les villes, son chien sur les talons.

34

Au cours de cette année, Jakob grandit considérablement. Son corps se transforma. Il se mit à pratiquer des activités sportives avec assiduité lui qui, jusque-là, ne s'y était guère intéressé. Ses muscles se développèrent en conséquence.

En secret, il se préparait déjà physiquement à être clown, à jongler, à sauter, à rouler et à marcher de travers comme Eugène.

L'été, il prit plaisir à nager longtemps dans le lac.

Lors des randonnées en forêt, il ouvrait toujours la marche et entraînait les autres derrière lui.

Sa voix se transforma aussi peu à peu. Un soir il pensa d'ailleurs : « On dirait que quelqu'un d'autre parle à ma place… »

Mais il demeura taciturne et secret, de plus en plus distant avec ses camarades qui, dans l'ensemble, ne cherchaient guère à se rapprocher de lui.

35

L'hiver suivant, l'orphelinat organisa une nouvelle sortie au cirque qui était de retour en ville.

Une après-midi, alors qu'il revenait du cinéma avec ses camarades, Jakob avait vu les grandes affiches placardées sur les murs qui annonçaient fièrement le spectacle. Ça voulait dire qu'il allait retrouver Eugène ! Il était tout ému et excité à l'idée de le revoir entrer en scène dans son beau costume. Il espérait ça depuis un an.

Il attendit cette soirée en bouillant d'impatience. Il ne tenait plus en place. Devenait terriblement distrait.

La veille, à table, un garçon lui avait dit pour se moquer :

— Prévois des mouchoirs, Jakob, on va au cirque demain soir ! avant d'éclater de rire et de filer en courant.

Mais Jakob n'avait pas réagi. Il ne l'avait même pas regardé. Il avait continué à manger son dessert comme s'il n'avait rien entendu.

Lorsqu'il avait croisé le directeur dans l'après-midi, celui-ci lui avait lancé avec un air malicieux :

— Eugène est de retour. Tu dois être ravi, non ?

36

Comme l'année précédente, le cirque s'installa un matin sur l'esplanade un peu en dehors de la ville, en lisière d'un bois touffu. Il ne devait donner qu'une seule représentation.

Le chapiteau fut érigé à la hâte dans le froid. Les coups de masse nécessaires à enfoncer les piquets dans le sol à moitié gelé résonnaient dans la campagne alentour. Quelques rares corbeaux intrigués fendaient le ciel blanc et protestaient d'être ainsi dérangés.

Le brouillard était encore une fois au rendez-vous. Il s'accrochait à la cime des arbres à qui il tressait une longue traîne effrangée.

Dans le campement disposé en cercle, chacun se préparait activement pour la représentation du soir.

Assis en silence sur les marches de sa roulotte, un épais bonnet de laine sur la tête, Argos glissé entre ses jambes, Eugène écoutait l'accordéoniste qui s'imposait d'interminables gammes. Il devinait un peu plus loin une guitare qu'on accordait avec soin, mais aussi une contrebasse lointaine qui semblait ronchonner, solitaire. Il écoutait les cris stridents des chimpanzés et les grognements renfrognés des fauves. Il était attentif aux rires qui arrivaient jusqu'à lui. Attentif à l'effervescence qui s'organisait.

Dans les roulottes, les lumières s'allumaient déjà.

Les cheminées fumaient paisiblement.

Le matin très tôt, flanqué de son chien, Eugène était parti en ville pour placarder encore quelques affiches bariolées.

Il avait parcouru en tous sens la petite bourgade somnolente et chaque fois qu'il était passé devant une école aux vitres embuées, il s'était dit que l'enfant éploré reviendrait peut-être au cirque ce soir-là.

Au milieu de la matinée, il lui restait encore quelques affiches roulées sous le bras, lorsqu'il entendit des enfants qui se précipitaient en criant dans la cour de récréation après la cloche. Il s'immobilisa sur le trottoir et les observa à travers la grille.

Mais il ne vit nulle part le garçon qu'il cherchait.

Évidemment, il ignorait si l'enfant habitait en ville.

« Est-ce que je le reverrai ? se demandait Eugène. Et s'il revenait au cirque, est-ce que je le reconnaîtrais ? Oui, j'en suis sûr ! »

Le soir, à l'ouverture du guichet, inquiet et nerveux, il se posta dans l'ombre devant l'entrée et dévisagea un à un les spectateurs qui faisaient la queue pour acheter leur billet.

Cependant, l'enfant ne se montra pas.

37

En effet, Jakob ne se rendit pas au cirque.

Le matin, il ne put se lever. La fièvre l'avait fait grelotter toute la nuit et, à l'aube, elle brûlait son corps tout entier. Il n'était pas le seul. La grippe s'était répandue dans les étages comme une traînée de poudre. Nombreux étaient les garçons, comme lui, cloués au lit. Le médecin leur avait formellement interdit toute sortie avant une semaine.

« Ce n'est pas possible, ce n'est pas possible ! » se désespérait Jakob en frissonnant dans son lit. Derrière les barreaux de la fenêtre, de lourds flocons étaient chassés par le vent glacial qui sifflait en filant le long du bâtiment.

À demi conscient, Jakob en pleurait de rage. Eugène était en ville, là tout près, et il ne pourrait pas le voir. La vie lui jouait vraiment un drôle de tour.

38

Déçu et compatissant, le directeur vint le trouver dans sa chambre, mais il resta sur le pas de la porte pour ne pas être contaminé. Jakob fort en colère, boudeur, enfoui sous ses draps et ses couvertures, ne se montra même pas.

— Écoute, Jakob, je suis vraiment désolé pour toi. Tu n'as pas de chance… mais tu en auras un jour, je te le promets.

Quelques minutes plus tard, il le quittait déjà après l'avoir un peu réconforté.

« Qu'est-ce qu'il pouvait dire d'autre, de toute façon ? se demanda Jakob. Qu'est-ce qu'il pouvait faire d'autre ? Rien. »

Du fond de son lit, il maudissait la maladie, le docteur et l'hiver.

Puis il s'assoupit, somnola, rêva qu'il allait tout de même au cirque, rêva qu'Eugène venait le voir dans sa chambre, rêva qu'il était couché dans la roulotte d'Eugène bien au chaud et que celui-ci venait s'asseoir à son chevet pour prendre de ses nouvelles après la représentation.

Une rencontre avec Eugène ! Il ne pouvait y croire. « Mais qu'est-ce que je vais pouvoir lui dire ? Mais pourquoi vient-il donc me voir ? » Pourtant le clown était bien là assis, sous la lampe, dans son costume de scène qui scintillait. Il lui parlait, il l'appelait par son prénom. Il fallait coûte que coûte qu'il se lève et qu'il aille au cirque ! Mais non, c'était inutile puisque Eugène était à ses côtés ! Mais si Eugène était à ses côtés, qui gardait la roulotte alors ? La porte était-elle bien fermée ? Le poêle ronflait-il ? Et puis Eugène devait partir s'il ne voulait pas attraper la grippe lui aussi ! Pourquoi s'attardait-il ainsi ? Jakob se sentit heureux tout à coup et, pour un instant, il cessa de pester contre la maladie qui l'avait sournoisement piégé dans son lit au pire moment.

39

Toujours est-il que lorsqu'ils se rendirent au cirque ce soir-là, les enfants qui, par chance, avaient échappé à la grippe ne purent admirer Eugène. Le présentateur au chapeau argenté et à l'énorme et fantasque moustache n'annonça pas Eugène et Leo, mais Hippolyte et Leo.

Leo avait donc un nouveau partenaire.

Le directeur s'en étonna fort en pensant à Jakob qui finalement n'avait rien manqué, mais qui, à coup sûr, serait doublement désappointé.

Où était passé Eugène ? Avait-il quitté le cirque ? Travaillait-il dans un autre cirque ? Ou bien était-il malade lui aussi ?

40

Intrigué et soucieux de ce qu'il dirait à Jakob le lendemain, le directeur sortit au milieu du numéro des clowns et se renseigna auprès de l'ouvreuse qui, dans sa loge derrière la caisse, les pieds posés sur un chauffage rougeoyant, était plongée dans un roman.

— Excusez-moi, madame…

L'ouvreuse leva les yeux de son livre :

— Que puis-je faire pour vous, monsieur ?

— Oh, pas grand-chose, je voudrais juste savoir si Eugène le clown travaille encore dans ce cirque…

L'ouvreuse leva les yeux au ciel, manifestement désolée, et répondit, volubile :

— Eugène ? Il est toujours là, mais depuis l'année dernière, il ne veut plus remonter sur scène. Il s'occupe des animaux à présent. Il balaie les gradins après le spectacle. Il est devenu étrange. Personne ne sait pourquoi. Il ne dit plus rien. Il ne parle qu'à son chien. Il a donc fallu que nous embauchions Hippolyte pour le remplacer. À cette heure, il est peut-être assis au milieu des enfants sous le chapiteau. Il y va de temps en temps. D'ailleurs, il était là tout à l'heure…

« Étrange, cette histoire », songea le directeur. Puis il remercia l'ouvreuse pour ces précieux renseignements.

Quand il regagna le chapiteau, les enfants hurlaient de plaisir. Les clowns n'avaient pas encore fini leur numéro. Il regarda autour de lui sans grande conviction. De toute façon, il n'avait jamais vu le visage d'Eugène et si toutefois il se trouvait là, comment aurait-il pu le découvrir dans cette foule agitée où les adultes qui accompagnaient les enfants étaient bien trop nombreux.

« Autant chercher une aiguille dans une botte de foin », se dit-il.

41

Ce soir-là, quand il comprit que, malgré l'affluence, l'enfant ne se montrerait pas, Eugène se mêla pourtant à la foule grondante. Sans entrain, il assista à quelques numéros. Les clowns ne le firent pas rire. L'écuyère avait perdu de son charme. Les virevoltes à la fois pataudes et agiles de l'ours achevèrent de l'attrister.

Lorsqu'il s'en retourna, sa roulotte lui sembla exiguë, beaucoup moins accueillante qu'autrefois bien que le poêle y répande une agréable chaleur.

Eugène s'assit sur le bord de son lit et réalisa qu'il en avait assez de sa vie nomade.

Depuis un an, les quatre ampoules étoilées du miroir n'avaient pas été allumées.

Depuis un an, son costume pendait, poussiéreux, sur le cintre accroché au plafond.

Eugène avait envie de disparaître.

Il fallait qu'il retrouve cet enfant.

42

Le lendemain, le directeur rendit visite à Jakob. Une fois de plus il lui parla depuis le seuil de sa chambre. Jakob n'allait guère mieux. Aussi le directeur hésita-t-il un moment avant de tout de même lui faire le récit de sa déconvenue.

— Au fond tu n'as rien manqué Jakob… et je crois que tu aurais été encore plus triste aujourd'hui, si tu étais venu avec nous…

Ce fut une déception sans nom pour Jakob.

« Pourquoi Eugène ne veut-il plus être clown ? Pourquoi préfère-t-il balayer les gradins et nourrir les animaux ? Je ne comprends pas ! Et que va-t-il devenir maintenant ? »

Plus que jamais il eut l'intention de s'enfuir… pour rencontrer Eugène. Dans un moment d'exaltation enfiévrée, il pensa : « Il faut que je me sauve, il faut que j'aille le trouver ! Mais pour lui dire quoi ? De remonter sur scène ? » Qui était-il pour dire une chose pareille ? Comment un gamin comme lui pouvait avoir l'audace de se mêler de ça ? Et puis comment s'enfuir avec cette fièvre qui le consumait ? Peut-être pourrait-il attendre d'être de nouveau sur pied pour se lancer sur les routes enneigées à la poursuite du cirque ? Mais pour quoi faire au juste ?

43

Le même jour, à l'aube, sans être vu de personne, Eugène quitta sa roulotte et se faufila jusque dans le bois gelé à travers les congères. Les roulottes silencieuses qu'il regardait pour la dernière fois se découpaient dans le jour naissant. Sa cheminée continuait à fumer, comme s'il était encore là. Un corbeau solitaire perché sur le bord du toit l'observait. À cette heure si matinale, tous devaient encore dormir à poings fermés, même les animaux de la ménagerie.

Avant de s'éclipser, Eugène avait pris soin de glisser sa boîte de maquillage, son fidèle miroir et son beau costume de scène dans un grand et solide sac de cuir qu'il portait à l'épaule. C'était là le seul bagage qui lui importait.

Il s'éloigna rapidement et, sans se retourner, prit la direction de la ville à travers bois. Derrière lui, les roulottes s'estompèrent dans le matin bleuté.

Heureux, la queue en l'air, le fidèle Argos cheminait, dans les traces que son maître laissait dans la neige.

44

Ce fut pour Eugène un vrai soulagement de quitter le cirque.

Il ne pouvait décidément plus exercer son métier de clown. Il n'en avait plus envie.

Il avait vécu et patienté une longue année au milieu des siens, mais il avait désormais compris qu'il ne pouvait ni ne voulait plus être le clown qu'il avait été.

Il n'en avait plus le goût, plus le droit, il ne le méritait plus puisqu'il avait fait pleurer cet enfant.

Un soir, en l'espace d'une seconde, les larmes brûlantes d'un enfant avaient mis fin à sa belle et longue carrière.

45

Quelques semaines plus tard, le directeur fit de nouveau venir Jakob dans son bureau et lui dit d'un air gourmand :

— Assieds-toi, assieds-toi, Jakob, j'ai une excellente nouvelle pour toi ! Figure-toi qu'en me renseignant, j'ai appris tout à fait par hasard qu'un vieux clown à la retraite habitait en ville. Dès que je l'ai su, je l'ai aussitôt contacté. Et je l'ai même rencontré ! Je lui ai parlé de toi et de ton désir de devenir clown. Il est tout à fait d'accord pour te recevoir et en parler avec toi. Qu'en dis-tu ?

Bien qu'extrêmement surpris, Jakob exultait déjà. Quelle chance ! Enfin ! S'il s'était écouté, il serait passé derrière le bureau et il aurait embrassé le directeur. Pour autant, il avait du mal à soutenir son regard.

Mais il dit pudiquement, cachant mal sa joie :

— Je crois que ça me ferait très plaisir de le rencontrer, monsieur.

Le directeur souriait. Il n'en dirait pas plus ce jour-là, mais Jakob avait compris qu'il avait d'ores et déjà une autre idée en tête.

— Bon, puisque ça te convient, voilà son adresse. Je t'expliquerai comment y aller. Tu pourras t'y rendre samedi après le déjeuner. Il t'attend. Si tu le souhaites, je pourrais me rendre libre et t'accompagner, mais je préférerais sincèrement que tu y ailles seul. Qu'en dis-tu ?

— Je crois que vous avez raison, monsieur, répondit Jakob en baissant la tête, profondément ému.

46

Eugène s'était établi dans la petite ville.

Personne ne le connaissait. Personne ne savait qui il était. Personne ne pouvait soupçonner qu'il était le fameux clown Eugène qui s'était produit parmi eux chaque année depuis des années. Qui aurait pu s'en douter ?

Parmi tous ceux qui l'avaient un jour applaudi, aucun n'avait jamais vu son visage. Son maquillage lui avait assuré un parfait anonymat. Ainsi, Eugène pouvait chaque jour se promener sans crainte au milieu d'eux, il n'y avait aucun risque qu'on le reconnaisse ou qu'on le démasque.

Son visage était désormais un maquillage qui ne se nettoyait pas avec un simple morceau de coton.

47

Depuis qu'il avait quitté le cirque, Eugène se tenait le raisonnement suivant :

« Si jamais j'ai une chance de retrouver cet enfant, c'est bien dans cette ville et nulle part ailleurs. »

C'était dans cette ville où il avait souvent déambulé au hasard avec Leo, certaines nuits glaciales, qu'il avait surpris son regard plein de larmes, et pas dans une autre.

Et si toutefois l'enfant n'habitait pas dans les environs, où diable pourrait-il le chercher dans le vaste monde ?

48

Eugène vécut quelque temps dans une petite chambre d'hôtel tandis qu'il cherchait un logement susceptible de lui convenir. Il avait assez d'économies pour vivre à son aise pendant un bon moment.

Argos, qui n'était pas autorisé à monter dans les étages, restait la plupart du temps dans l'arrière-cour à l'attendre sous un appentis où était entreposé du bois de chauffage.

Eugène parlait peu, il souriait quand on lui souriait, il allait et venait, mais ne se liait avec personne en particulier. À l'hôtel, il passait pour un étranger.

Quelque temps plus tard, il prit une chambre en périphérie de la ville chez une logeuse, une veuve qui n'était pas très regardante et qui ne fit pas de difficultés pour accepter Argos.

La vieille dame était fort courtoise, mais parfois fort indiscrète aussi. Eugène ne s'en formalisait pourtant pas, lui rendait volontiers service, se montrait affable et répondait évasivement lorsqu'elle lui posait des questions sur son passé.

La chambre était spacieuse et propre, bien chauffée, meublée sobrement, mais avec goût. Eugène s'y plaisait, bien qu'elle ne ressemble en rien à l'espace douillet de sa roulotte. Le plancher était régulièrement ciré. Deux grandes fenêtres garnies de voilages clairs et brodés donnaient sur une cour assez sombre où poussait un bel arbre solitaire qu'il admirait. En outre, une imposante plante exotique s'épanouissait dans un pot.

49

À peine avait-il quitté le cirque qu'Eugène se mit en quête de l'enfant.

Il erra dans la ville avec l'espoir de le croiser par hasard. Mais il ne le croisa pas.

Puis il épia les cours d'école, mais jamais il ne le vit jouer nulle part parmi ses camarades. Jamais non plus, il ne l'aperçut qui sortait en courant dans la rue, poursuivi par une nuée d'enfants soudain rendus à la liberté par le gémissement strident de la cloche.

Au printemps suivant, il fit l'acquisition d'une bicyclette, et il écuma la campagne et les villages alentour en faisant mine de chercher du travail pendant qu'Argos, installé à l'arrière dans une sacoche, les oreilles au vent, regardait autour de lui, insouciant.

Mais, où qu'il se rende, il ne le rencontra pas non plus.

L'enfant avait disparu.

L'enfant s'était évanoui.

Il était introuvable.

Ce n'était pourtant pas sa mémoire qui lui jouait des tours. Eugène croyait se souvenir du visage du garçon aussi distinctement qu'il se souvenait de son visage de clown.

Les deux visages étaient deux photographies posées bord à bord dans un tiroir mal refermé de sa mémoire.

Chaque soir, à la même heure, tandis qu'Eugène était épuisé par ses longues courses et qu'Argos dormait en boule sur le plancher de la chambre, assis au troisième rang, l'enfant pleurait à chaudes larmes quand, lui, Eugène le clown, frappé de stupeur, tenait son seau écumant de mousse blanche.

50

Le samedi, Jakob traversa la ville seul pour la première fois. L'hiver s'éloignait à grands pas. Un pâle et froid soleil brillait et jouait sur les toits dégouttants. Le nez en l'air, les mains dans les poches, il s'enfonça dans le dédale de la ville ancienne en longeant les murs de pierre qui séparaient les jardins. Ses pas résonnaient sur les trottoirs humides. Parvenu au sommet de la colline, il constata qu'en bas la neige avait déjà fondu sur les berges de la rivière. Autour de lui, certains arbres aux longues ombres exhibaient même quelques timides bourgeons. La ville était calme en ce début d'après-midi presque printanier.

Jakob se demandait ce qui allait se passer maintenant. Qu'allait pouvoir lui dire ce vieux clown à la retraite qui avait gentiment accepté de le rencontrer ? Qu'allait-il lui proposer ? Que pouvait-il faire pour lui ? Et lui, qu'allait-il lui demander au juste ? Il n'en savait trop rien.

« Au fond le directeur ne m'a pas dit grand-chose ! Je suis même sûr qu'il ne m'a pas tout dit ! » Il avait l'impression que la situation lui échappait un peu et qu'à son insu les adultes s'étaient déjà mis d'accord.

Enfin, il arriva à l'adresse que lui avait indiquée le directeur. La maison était bordée d'un verger à flanc de colline. Le cœur battant, il en fit trois fois le tour en essayant d'espionner discrètement par dessus le mur. Puis il sonna et attendit. Un vieil homme ne tarda pas à lui ouvrir et l'accueillit sur le pas de la porte qui donnait sur la rue.

— Tu dois être Jakob, n'est-ce pas ? Je t'attendais.

L'homme le regardait droit dans les yeux. Son visage était ridé comme aucun des visages qu'il avait vus jusque-là, on aurait dit un masque.

— Oui, monsieur.

Le vieil homme lui sourit et lui fit signe d'entrer.

— Sois le bienvenu, Jakob ! Appelle-moi Auguste, mon garçon, c'est mon prénom. C'était aussi mon nom de scène, il y a quelques années encore. Viens, entre. Ne sois pas timide.

Jakob le suivit à l'intérieur encore plein d'appréhension malgré l'accueil chaleureux sinon amical d'Auguste.

« Et maintenant ? » se demanda-t-il encore une fois.

Il devinait que quelque chose d'important allait se jouer dans cette maison au cours de cette après-midi.

Auguste le reçut dans sa cuisine. Un journal était grand ouvert sur la table.

Auguste se versa une tasse de café et en proposa à Jakob qui refusa poliment. Puis il lui dit sans détour :

— Alors comme ça, tu veux devenir clown. Enfin, c'est ce que m'a dit le directeur. C'est plutôt rare de vouloir devenir clown… mais ce n'est pas moi qui vais te décourager. Ni t'encourager d'ailleurs. Enfin, je veux dire que, pour l'instant, je ne sais pas qui tu es, mais tu vas peut-être me le dire…

Jakob songea que l'entretien commençait bizarrement.

— Je m'appelle Jakob, monsieur, et je suis orphelin.

— Ça je le sais, mon garçon. Le directeur me l'a dit. Mais encore ?

Qu'est ce qu'il voulait dire par « mais encore » ?

— Je ne sais pas, monsieur. Je veux devenir clown. Je ne pense qu'à ça.

— Ça, je le sais aussi.

Auguste souriait franchement à présent.

« Est-ce que je l'amuse ? Est-ce qu'il se moque de moi ? » pensa Jakob assis en face de lui sur la défensive, les bras croisés.

— Je ne sais pas quoi vous dire d'autre, monsieur. C'est le directeur qui m'a dit de venir vous voir.

— Ça, je le sais aussi. Ce que je veux savoir avant d'aller plus loin, Jakob, c'est pourquoi tu veux devenir clown ?

Jakob ne savait que répondre. Devait-il parler d'Eugène ? Et de quoi d'autre sinon ?

— Je ne sais pas, monsieur…

— Auguste…

— … je ne sais pas… Auguste. Je suis allé au cirque pour la première fois de ma vie l'an dernier et là j'ai découvert Eugène le clown. C'était merveilleux. Et depuis, chaque jour qui passe je ne rêve plus que d'être clown moi aussi. Voilà, monsieur… je veux dire Auguste.

Auguste resta songeur.

— J'ai beaucoup entendu parler d'Eugène, tu t'en doutes. C'est un clown célèbre, c'est un clown formidable, tout le monde le dit, mais, personnellement, je ne l'ai jamais rencontré. Nous n'appartenons pas à la même génération d'artistes, vois-tu. Auguste s'interrompit puis reprit : « Le problème, c'est qu'il a disparu depuis quelques mois. Tu le savais ? »

Non, il ne le savait pas. Enfin, il savait qu'il ne se produisait plus, mais pas qu'il avait disparu.

— Je l'ai appris par une de mes connaissances. Il a disparu et plus personne n'a entendu parler de lui. C'est étrange. Mais c'est ainsi.

Jakob se demanda ce qui avait pu arriver à Eugène et s'il ne devait pas se lancer aussitôt à sa recherche plutôt que d'essayer de devenir clown. Mais il se rappela qu'il n'avait jamais osé fuir l'orphelinat… ce qui voulait dire que cette idée était proprement absurde. Il le savait bien. De toute façon, qu'avait-il à voir avec Eugène ? Rien. Absolument rien.

Rien ne le reliait à Eugène si ce n'est que, sans le savoir, Eugène lui avait donné envie de devenir clown, si ce n'est que, sans le savoir, Eugène avait fait naître en lui le désir passionné d'être clown, d'être Eugène à son tour. Pourtant, tandis qu'il écoutait Auguste et le regardait, il se fit la promesse de retrouver Eugène dès qu'il serait en âge de le faire.

Auguste reprit alors :

— Crois-moi, mon garçon, c'est bon signe de vouloir réaliser quelque chose en s'inspirant de quelqu'un d'autre. Tu sais, moi je suis devenu clown parce que mon père était clown lui aussi. Je l'ai admiré dès mon plus jeune âge et j'ai voulu faire comme lui. C'est aussi simple que ça. J'ai eu la chance de commencer très tôt. J'étais à peine plus vieux que toi alors… L'admiration nous fait avancer vite et exceller aussi, ajouta Auguste en changeant de ton tout à coup. Pourtant sais-tu ce qu'est un clown, au fond ? Eh bien sache qu'un clown, ce n'est pas seulement un clown, c'est aussi un jongleur, un acrobate, un comédien, un danseur, un chanteur, un poète et parfois même un musicien… C'est beaucoup de travail…

Jakob ne disait rien et ne voyait toujours pas où Auguste voulait en venir.

Le vieux clown buvait son café et le regardait d'une drôle de manière, il le regardait comme s'il savait quelque chose que Jakob ignorait. Il avait indiscutablement l'air amusé de celui qui est sur le point de révéler un secret.

«En tout cas, s'il s'agit d'un secret, on dirait qu'il ne va pas tarder à me le livrer», pensa Jakob.

«Le directeur sait déjà tout, pensa-t-il encore, ils sont complices. Et moi qu'est-ce que je fais là ? Je veux savoir à la fin !»

Tout à coup, Auguste posa sa tasse de café devant lui et lui demanda :

— On commence quand, jeune homme ?

Jakob ne comprit pas immédiatement le sens de sa question…

— On commence quoi, monsieur… Auguste ?

Auguste souriait.

— Le directeur ne t'a donc rien dit ?

Nous y voilà !

— Non, monsieur, il m'a juste dit que je pouvais venir vous voir si je le souhaitais.

Auguste se frotta les mains et éclata de rire :

— Bon, alors il ne t'a pas dit que j'avais décidé de te prendre à l'essai comme apprenti clown. Gracieusement, cela va sans dire ! Ainsi, nous verrons ce que tu sais faire.

51

Pendant longtemps, Eugène crut voir l'enfant qui pleurait partout. Chaque enfant solitaire le lui rappelait.

Mais le garçon n'était nulle part.

Pourtant, un jour qu'il flânait en ville sans but, Eugène crut l'apercevoir au détour d'une rue. Il en éprouva une violente émotion et, sans réfléchir, il se mit aussitôt à le suivre.

L'enfant faisait rouler des pièces de monnaie dans sa main et chantonnait quelques pas devant lui.

« Parmi tous les visages d'enfants pourquoi justement celui-là ? » pensa Eugène.

Il se demandait combien de temps il allait encore lui emboîter le pas sans que le jeune garçon s'en aperçoive et s'en inquiète.

De toute façon, il ne pouvait – ni ne voulait – courir le risque de le laisser s'échapper.

Si toutefois c'était bien lui.

Eugène ne savait plus ce qu'il devait faire. Il ne savait pas non plus ce qu'il devait lui dire.

Pourtant, il le héla.

Surpris, l'enfant cessa de chantonner, s'arrêta, se retourna et fixa Eugène d'un air interrogateur tandis que celui-ci le dévisageait.

Le cœur d'Eugène cognait dans sa poitrine.

L'enfant à quelques mètres de lui, sur le trottoir, n'était pas celui qu'il cherchait.

52

Eugène dut alors se rendre à l'évidence : il lui fallait renoncer à retrouver l'enfant qui pleurait. Le chercher aveuglément finirait par ne plus avoir de sens.

Après tout, il était possible que ce soir-là le jeune garçon soit venu de très loin pour assister à la représentation. Et dans ce cas, quoi qu'il fasse, où qu'il aille, il ne le reverrait certainement jamais. Inutile de se bercer d'illusions.

Mais pour autant, Eugène ne quitta pas la ville à laquelle il s'était désormais habitué.

Même résigné, il ne pouvait pas se résoudre à s'en éloigner.

53

Cependant, même s'il ne le cherchait plus vraiment, Eugène eut quelquefois l'envie de le reconnaître dans une silhouette aperçue au hasard. Fugitive, cette silhouette éveillait soudain sa curiosité, comme ce fut le cas une après-midi d'hiver, quelques années plus tard. Il ne pensait plus beaucoup à l'enfant alors.

Ce jour-là, il avait entrepris une longue promenade avec Argos qui marchait assez loin derrière lui, si bien qu'Eugène s'arrêtait souvent pour l'attendre et l'encourager.

Il faisait un froid glacial. Le ciel était limpide. Les toits miroitaient. Le long des rues sinueuses et pentues de la ville ancienne, les arbres semblaient figés dans la lumière. Eugène aimait particulièrement cette partie de la ville toujours paisible et accueillante. Il y venait fréquemment. De là-haut, son regard plongeait sur la rivière gelée, sur l'enfilade des ponts qui l'enjambaient et jusqu'à la forêt au loin. Sur cette colline qui dominait la ville se côtoyaient de majestueuses et fières demeures entourées d'arbres qui, au printemps, résonnaient d'innombrables chants d'oiseaux. Ce quartier ressemblait à s'y méprendre à un coin de campagne.

Eugène allait donc au hasard des rues comme il aimait à le faire. Il marchait lentement, prudemment pour ne pas glisser. Ses semelles s'enfonçaient bruyamment dans la neige accumulée sur les trottoirs. Une épaisse vapeur blanche sortait de sa bouche à chacune de ses respirations. De la même façon, le museau d'Argos disparaissait dans un petit nuage blanc.

Soudain, alors qu'il s'apprêtait à bifurquer sur sa droite pour couper par le chemin qui redescendait vers les berges, Eugène entrevit la silhouette d'un adolescent qui, emmitouflé dans un manteau, les mains dans les poches, une grosse écharpe enroulée autour du cou et un bonnet enfoncé sur les yeux, courait comme s'il était en retard à un rendez-vous, comme s'il était pressé de rejoindre quelqu'un qui l'attendait devant un bon feu de cheminée dans une de ces vénérables maisons.

En le voyant surgir au bout de la rue, Eugène pensa tout à coup que l'enfant devait avoir l'âge de ce jeune homme à présent. Et il sourit.

« Ça fait bien longtemps que je n'avais plus pensé à lui », se dit-il.

Alors, il décida de suivre cette silhouette dans le brouillard qui peu à peu descendait sur la ville. Il hâta le pas, mais lorsqu'il déboucha au coin de la rue, le fantôme de l'enfant s'était déjà volatilisé.

54

Tous les samedis, Jakob se rendait chez Auguste.

Auguste vivait seul, il était veuf et n'avait pas d'enfant.

Il avait commencé à lui apprendre le métier et prenait sa tâche à cœur. Il était heureux de confier ses secrets à Jakob. Il disait souvent :

— Tu sais, ça me rajeunit !

Chaque semaine, après le déjeuner, Jakob quittait l'orphelinat en vitesse et grimpait sur la colline.

Au printemps, le ciel redevint immensément bleu, les vergers se couvrirent de fleurs, l'herbe envahit les jardins et les oiseaux revinrent, voletant d'un mur à l'autre.

C'était toujours un grand plaisir que de traverser le quartier en sifflant, les mains dans les poches.

Parfois, quand Auguste avait un empêchement, qu'il était souffrant ou qu'il s'absentait, Jakob traînait tout l'après-midi sans savoir quoi faire. Il s'occupait tant bien que mal. Il allait se promener puis il rentrait dans sa chambre répéter les tours qu'il avait appris.

À cette époque, Jakob commença souvent à rêver qu'il était un adulte sans visage, qu'il se tenait debout devant un miroir et revêtait le costume de scène tout brodé d'étoiles d'Eugène dont il se souvenait parfaitement. Il rêvait qu'il était maquillé comme Eugène, il rêvait qu'il marchait comme Eugène et qu'il parlait comme Eugène avec une voix qui portait loin.

55

Au tout début de leur collaboration, Auguste eut tout de même de sérieux doutes quant aux chances qu'avait Jakob à devenir clown.

S'il apprenait vite et était avide de savoir, il était plutôt lent et maladroit. Il avait du mal à placer sa voix, du mal à remuer son corps et à bouger naturellement.

Ils durent travailler d'arrache-pied pour que Jakob s'approprie certaines postures, pour qu'il fasse siens certains gestes indispensables. Et comme Jakob grandissait encore, cela ne fut pas toujours facile. Au bout d'un mois de labeur, il fallait parfois tout reprendre à zéro.

Jakob ne se décourageait pourtant jamais, c'est ce qu'Auguste rapportait au directeur de l'orphelinat lors de leur entrevue mensuelle. Malgré tout, Auguste était parfois à deux doigts de jeter l'éponge en dépit de la bonne volonté de son élève et du bonheur qu'il avait à transmettre son savoir.

Quelque chose n'allait pas, mais Auguste ne parvenait pas à comprendre de quoi il retournait.

Il s'en ouvrit plusieurs fois à Jakob qui ne savait que répondre et ne disait donc rien, mais baissait la tête avant de repartir inquiet, contenant fièrement son envie de pleurer jusqu'à ce qu'il ait tourné le coin de la rue.

56

Un jour, après une longue séance de travail au cours de laquelle Jakob avait senti son maître pour le moins mécontent de lui, Auguste déclara :

— Écoute mon garçon, tu apprends vite et tu es obstiné, ça je ne peux pas le nier, mais il me semble qu'il y a quand même quelque chose qui ne tourne pas rond. Je ne sais pas quoi au juste. On dirait que quelque chose de lourd te travaille et t'empêche d'être toi, t'empêche d'aller et venir, de marcher librement. Crois-moi, il faut que tu te sépares de ce poids pour progresser. Tu pourras faire un bon clown et même un excellent clown, j'en suis sûr, mais il faut d'abord régler ce problème.

Jakob ne voyait pas de quoi Auguste voulait parler, pourtant il sentait bien qu'en effet son corps rechignait parfois à lui obéir, ce qui ne manquait pas de le mettre en colère.

« Je suis un bon à rien, se disait-il, je n'y arriverai jamais. »

Le soir, dans sa chambre, il se regardait dans le miroir, se souvenant d'Eugène, de son magnifique costume de scène, de son allure altière lorsqu'il se tenait immobile au centre de la piste, de son aisance lorsqu'il jonglait et faisait des cabrioles. Jakob entendait faire comme lui, il voulait être Eugène.

Alors, il se jurait de faire mieux la semaine suivante.

57

Au début de l'été, Jakob et Auguste se mirent à travailler dans le jardin à l'ombre des pommiers. Auguste entreprit de lui apprendre à jongler de plus en plus vite. Mais Jakob avait du mal à coordonner les mouvements que lui montrait Auguste et les balles de cuir allaient souvent rouler parmi les premières pommes tombées dans l'herbe. Il s'entraînait aussi à faire des acrobaties et des figures sur le gazon. Il transpirait beaucoup, s'acharnait, pour finalement n'obtenir qu'un bien piètre résultat.

Alors qu'un soir Auguste était particulièrement ennuyé, et pour la première fois agacé par sa gaucherie, il le sermonna presque. Jakob s'immobilisa aussitôt, pieds nus dans l'herbe, les yeux baissés, et malgré son orgueil, il se mit à pleurer devant son maître. Ne s'y attendant pas, le maître ne sut comment réconforter son élève. Auguste était très embarrassé.

Il s'approcha de Jakob, lui mit une main sur l'épaule et lui dit :

— Excuse-moi, mon garçon. J'ai été un peu brusque. Je le regrette. Viens, asseyons-nous et faisons une pause.

Ils prirent donc place dans l'herbe parsemée de minuscules fleurs blanches. Jakob, les bras enroulés autour de ses genoux, plein de ressentiment, plein de rancœur, n'osait pas regarder Auguste. Il savait néanmoins qu'Auguste avait raison, mais il ne pouvait s'empêcher d'accuser injustement son maître. Cela lui évitait d'avoir une fois de plus à s'accuser lui-même.

— Pardonne-moi, reprit Auguste, mais j'en ai assez de te voir te tortiller comme ça raide comme un piquet. Je veux que tu y arrives, mon garçon ! Vraiment ! Je te l'ai toujours dit, rappelle-toi.

Il se tut un instant et regarda au loin, par-dessus le mur du verger. Puis il ajouta :

— J'ai beaucoup réfléchi à ton sujet depuis que je te connais, tu sais…

Jakob crut alors que, malgré tous les encouragements prodigués depuis le début, Auguste allait lui dire qu'il devait abandonner l'idée d'être clown, qu'il n'en était pas capable, qu'il n'était pas fait pour ça, qu'il s'était tout simplement trompé sur son compte. Sa chance allait filer comme une étoile qui passe dans le ciel et disparaît.

« C'est fichu », pensa-t-il. Il éprouva tout à coup le désir de se sauver… et de ne plus jamais remettre les pieds dans cette maudite maison.

— … et je me suis dit que depuis que nous avons commencé à travailler ensemble, tu ne me parles que d'Eugène. Eugène par-ci, Eugène par-là. Tu n'as que ce nom-là à la bouche. Je crois sincèrement qu'il faut que tu arrêtes d'y penser. Écoute-moi, il faut que tu me promettes de cesser de vouloir faire comme Eugène. De toute façon, Eugène est Eugène, et toi tu es Jakob. Pas Eugène. Tu ne seras jamais Eugène, mets-toi bien ça dans la tête. Eugène est unique, mais toi aussi tu es unique. Lui est un clown célèbre ou du moins il l'était, et toi tu n'es pas encore clown, mais tu veux le devenir. C'est pour ça que tu es là, non ?

Auguste s'interrompit.

— Regarde-moi Jakob, tu n'es plus tout à fait un enfant à présent. Tu es capable d'entendre tout ça. Tu veux bien me regarder ?

Jakob hésita.

Les dernières paroles d'Auguste l'avaient un peu rassuré. C'était un bon maître et il le savait.

«Il se peut que ce soit moi, le mauvais élève… après tout.»

Comme s'il avait lu dans ses pensées, Auguste dit encore :

— Tu crois peut-être que je ne suis pas un bon maître, parce que je ne suis pas Eugène. Peut-être que tu as raison. Peut-être que tu as tort. Je n'en sais rien. Mais si tu me fais tout de même un peu confiance, écoute-moi bien. Oublie Eugène, oublie-le. Oublie-le le temps qu'il faudra. Et quand tu sauras être Jakob alors tu pourras faire comme Eugène et même être Eugène si tu veux, puisque tu y tiens. Mais pas avant ! Sinon, tu ne pourras jamais être clown. Je te le dis comme je le pense. Et je ne crois pas me tromper. Si j'avais voulu être le clown qu'était mon père, je n'aurais jamais été clown moi non plus. Il a d'abord fallu que je sois Auguste pour ensuite pouvoir faire comme lui. Ça n'a pas été simple, crois-moi, Jakob. Alors, écoute. Maintenant tu vas sécher tes larmes, nous allons boire quelque chose pour nous rafraîchir, puis tu vas t'en aller. Tu vas rentrer à l'orphelinat et tu vas réfléchir à tout ce que je t'ai dit. Et quand tu seras prêt, tu reviendras. Mais seulement quand tu seras prêt ! Tu veux bien ?

Jakob attendit un moment avant de répondre. Il avait déjà commencé à méditer tout ce que venait de lui dire Auguste. Il observait les oiseaux qui sautillaient dans l'herbe un peu plus loin.

Enfin, il dit :

— Je veux bien, oui.

Et lorsqu'un peu plus tard, Auguste le raccompagna jusqu'au portillon du jardin, Jakob reniflait toujours.

58

À la fin de l'été, comme il commençait à se sentir inutile et désœuvré, Eugène se mit en quête d'un travail.

Très vite, il se vit proposer une place de gardien du cimetière. Le gardien précédent venait de mourir et personne à ce jour n'avait encore accepté de le remplacer. Le cimetière se situait un peu à l'extérieur de la ville et, comme Eugène aspirait à la solitude, il accepta l'offre sans sourciller.

Il fit ses adieux à la veuve, il fit ses adieux à la chambre spacieuse et à l'arbre solitaire qui avait déjà commencé à perdre ses premières feuilles.

Son nouveau travail lui permettait de disposer d'un modeste logement et d'un jardin, certes petit, mais très agréable. Quand le temps le permettait, il prenait plaisir à s'y retirer un moment chaque soir après sa journée de travail.

Parfois, il n'y avait pas grand-chose à faire. Il se contentait alors d'ouvrir les grilles le matin, puis il ratissait les allées et taillait les arbustes hirsutes disposés le long du mur. Ensuite il observait les visiteurs. Il avait pris l'habitude de les saluer en retirant son chapeau, toujours très digne, réservé, mais courtois. Son rôle consistait aussi à les guider et à les renseigner. Ce qu'il faisait avec plaisir.

Puis, le soir venu, il refermait les grilles et rentrait chez lui.

59

Jakob rentra bouleversé. Auguste avait vu juste. Toute la semaine il tourna en rond, rumina les paroles de son maître et fut d'une humeur exécrable jusqu'à ce que le jeudi soir il finisse par se dire crânement : « Jamais je ne renoncerai ! »

Aussi, le samedi suivant, reprit-il le chemin de chez Auguste. Il grimpa la colline la tête haute et le cœur serré, mais pourtant libéré d'un poids qui, sans qu'il le nomme, lui pesait depuis longtemps.

Et ce fut seulement à partir de ce jour-là qu'il commença à vraiment devenir le clown qu'il est à présent.

Comme le lui avait conseillé Auguste, il s'efforça d'oublier Eugène. Ou du moins, s'il ne l'oublia pas, il y pensa d'une tout autre manière.

Une chose était sûre : Eugène demeurait son modèle, le seul et unique modèle qu'il se donnerait.

Auguste, quoi qu'il fasse, ne serait jamais un modèle pour lui, un maître exigeant, attentif et aimant, oui, mais pas un modèle. Heureusement, Auguste lui avait fait comprendre à temps qu'un exemple n'était pas toujours un exemple à suivre, et qu'il fallait avant tout être son propre modèle. Eugène n'était qu'un souvenir.

Il ne l'avait vu qu'une fois. Certes, il avait définitivement changé le cours de sa vie. Pour autant, il ne devait pas l'empêcher d'être Jakob.

«D'être Jakob le clown!» ajouta-t-il en s'observant dans son miroir.

Dès lors, tout alla très vite.

60

Après trois années de travail assidu dans la maison sur la colline, où il apprit à jongler, à faire l'acrobate, à chanter, à danser, à jouer du violon et à être comédien, il finit par y passer l'essentiel de son temps et même y rester dormir quelquefois. Assis dans son fauteuil, Auguste en profitait alors pour lui raconter sa vie mouvementée de clown, tandis que Jakob l'écoutait, curieux.

Dorénavant, Jakob en savait autant que son maître et, bien que tout jeune encore, grâce aux contacts qu'Auguste n'avait pas manqué de garder avec le monde du cirque, il quitta l'orphelinat et se produisit dans une première troupe ambulante en tant que clown débutant.

Il passait son temps avec les clowns, s'appropriait leurs tours et les remplaçait parfois au pied levé. Il peaufinait scrupuleusement son apprentissage. Il écrivait de longues lettres à Auguste pour le tenir régulièrement au courant de ses découvertes et de ses progrès.

En tant qu'apprenti clown, il devait partager une roulotte avec un jeune jongleur. Il se sentait souvent à l'étroit et espérait avoir bientôt une roulotte à lui. Mais il ne s'inquiétait pas ni ne s'impatientait : au fond de lui, il savait que ce temps viendrait.

Petit à petit, il commença à se faire un nom.

Le soir, il était heureux d'entrer en scène, heureux d'être acclamé par la foule.

Sa notoriété grandissant, il fut ensuite engagé par un cirque plus important et, pour finir, il se produisit dans une des plus illustres troupes du pays.

Désormais, il était célèbre.

Il avait réalisé son rêve. Et ce n'était qu'un début.

À présent, bien sûr, il avait sa propre roulotte avec son nom inscrit en grosses lettres au-dessus de la porte. Il avait une maison à lui, certes modeste, mais pourtant aussi douillette et apaisante que la petite chambre sous le toit chez Auguste.

Et dans cette maison, il entendait bien parcourir le monde. Et dans le monde, on l'applaudirait partout.

Avant chaque représentation, il prenait le temps de se maquiller avec soin, assis devant son grand miroir, en observant son visage s'effacer peu à peu.

Puis il pénétrait sur la piste accompagné des roulements de tambour de l'orchestre et goûtait l'allégresse du public. Il était fier de son succès, fier de faire plaisir aux enfants dans chaque ville où le cirque prenait ses quartiers.

Et chaque soir, en secret, il dédiait son succès au fantôme d'Eugène qui l'accompagnait partout.

61

Les années passèrent.

Eugène s'était accoutumé à sa vie solitaire et il l'aimait.

Il ne se rendait que très rarement en ville, seulement quand c'était nécessaire. Les jours où il ne travaillait pas, et même quelquefois après sa journée de travail, quand il en avait encore le courage, il partait pour de longues randonnées à travers les forêts qui ceinturaient la ville en compagnie d'Argos qui vieillissait. Ou bien il se promenait à bicyclette et s'attablait à la terrasse d'une taverne sur la place d'un village, dans l'ombre apaisante d'un bel arbre.

Il coupait du bois pour l'hiver.

Il lisait.

Il méditait.

Il écoutait la radio qui lui restituait chichement le brouhaha du monde.

Lors des grosses chaleurs estivales, à la fin de l'après-midi, il allait nager dans le lac et, couché sur la berge, les mains croisées sous la nuque, il regardait passer les nuages.

Parfois, le soir, assis dans sa cuisine à lire les journaux qu'il n'avait pas eu le temps de parcourir le matin, Eugène se rappelait le clown applaudi qu'il avait jadis été. Il pensait alors à son beau costume de scène pendu dans son armoire. Il se souvenait de Leo, du directeur, de l'écuyère et de l'ours enchaîné qui tournait en rond.

Il ne les avait jamais revus.

Il n'avait jamais souhaité les revoir.

Ils appartenaient depuis longtemps au passé. Tout comme l'enfant qui, s'il n'avait toutefois pas été un rêve, devait être un jeune homme à présent.

Eugène se souvenait également de ces incessants voyages en roulotte à travers les pays et les saisons. Il y pensait sans trop de nostalgie. Plutôt avec le sourire. Il ne regrettait rien. Au contraire.

De ce temps-là ne demeurait plus qu'un agréable fouillis de souvenirs.

Et le fidèle Argos qui avait traversé les années à ses côtés sans faillir.

62

À cette époque, Eugène fit un rêve dont il garda longtemps le souvenir.

Dans une chambre vaste et silencieuse, à peine éclairée, un jeune garçon, immobile, les bras le long du corps et vêtu d'un fragile costume de papier, se tenait devant un miroir. Puis le garçon s'installait à un bureau poussiéreux poussé contre un mur. Là, s'appliquant, il lui écrivait une longue lettre hésitante, sans savoir où il l'expédierait. Enfin, l'enfant se tenait de nouveau immobile face au miroir dans la chambre crépusculaire, mais cette fois il portait un beau costume de clown surpiqué d'étoiles. Il était maquillé comme lui-même se maquillait au temps où il était encore clown. Rien ne manquait, même pas l'éclair noir au-dessus de son sourcil froncé.

63

Le cimetière était devenu le domaine d'Eugène, son petit monde clos, son univers infini. Il y régnait en maître attentif et bienveillant.

Depuis qu'il y travaillait, l'endroit avait considérablement embelli. Aussi bien le public que les autorités étaient sensibles aux aménagements pratiqués au fil des ans. On aurait presque pu baguenauder comme dans un parc et oublier les tombes. Eugène avait semé des parterres de fleurs qu'il entretenait avec patience. À force d'obstination, il était parvenu à acclimater des essences exotiques qui donnaient une belle ombre et abritaient des nuées d'oiseaux.

Le cimetière était beau sous la neige. Mystérieux dans la brume du matin. Peuplé de fantômes paisibles. De corneilles languissantes. Les arbres séculaires plantés tout autour, bien qu'entièrement défeuillés, en gardaient majestueusement les abords.

Il était tout aussi beau au printemps, lorsque les fleurs s'ouvraient, lorsque les bourgeons des rosiers qu'il avait plantés le long des allées éclataient en roses odorantes, lorsque les oiseaux gazouillaient sans répit.

Les soirs d'été, Eugène s'y promenait avec Argos, parfois un peu mélancolique, mais toujours fier de son territoire si bien entretenu. Il lisait, nonchalant, les inscriptions sur les tombes, il rétablissait un vase renversé, il coupait au passage une fleur fanée. Pendant ce temps, Argos tentait de courir après les chats en maraude.

En automne, il consacrait de longues heures à entasser les feuilles mortes que le vent poussait devant lui. Puis il y mettait le feu et, appuyé sur sa fourche, son béret légèrement rejeté en arrière, il les contemplait en rêvant tandis qu'elles se consumaient lentement, tandis que l'âcre fumée se frayait un chemin dans l'air humide du soir.

64

Jakob resta toujours proche du directeur de l'orphelinat. Il lui était infiniment reconnaissant. Il lui écrivait de temps en temps. Pour le remercier, il invitait tous les enfants de l'orphelinat à venir voir son spectacle chaque fois qu'il se produisait non loin. Lorsqu'il descendait en ville, il ne manquait jamais de lui rendre visite et de lui consacrer au moins une soirée. Le directeur aimait à lui rappeler le temps lointain où il était un enfant un peu mystérieux, mais attachant, qui n'en faisait jamais qu'à sa tête.

Dès qu'il pouvait, Jakob venait également passer quelques jours auprès de son vieux maître de plus en plus affaibli et voûté. Comme autrefois, il séjournait dans sa maison sur la colline. Comme autrefois, il occupait la petite chambre du haut sous le toit, dont les volets s'ouvraient sur le verger et d'où la vue portait sans obstacle jusqu'à la forêt lointaine.

Auguste aimait évoquer les années d'autrefois. Il lui disait toujours :

— Je suis fier de toi, mon garçon, et tu le sais. Ça n'a pas toujours été facile pour toi, tu t'en souviens. Mais maintenant, tu as un grand avenir devant toi. Et ça ne fait que commencer, crois-moi !

— Je sais que tu dis vrai, répondait Jakob. Je sais que je peux te faire confiance.

Puis il se souvenait des heures douloureuses de ses débuts, de ses roulades maladroites, de son souffle qu'il ne parvenait pas à maîtriser et de ses doutes.

En été, ils partaient tous les deux se baigner dans le lac, puis ils rentraient et passaient la soirée à parler et à observer les étoiles, assis dehors sous les pommiers. Lorsque Auguste allait se coucher, Jakob quittait la maison, prenait l'étroit chemin des berges, déambulait en ville jusqu'à tard et en profitait pour se remémorer son passé.

65

Chaque année, le cirque ambulant dans lequel Eugène s'était jadis produit avec bonheur revenait s'installer en ville. Chaque année, le chapiteau sortait de terre tout illuminé à quelques pas du bois touffu à travers lequel il avait fui autrefois.

Depuis son départ, Eugène ne s'en était jamais préoccupé. L'événement avait lieu à l'autre bout de la ville.

En vérité, il avait lieu à l'autre bout du monde.

Une année pourtant, sans raison, sa curiosité fut piquée au vif.

Les affiches qui annonçaient le spectacle fleurirent à la fin de l'automne sur les murs de la ville. Jusque-là, Eugène les avait regardées sans ciller. Mais cette année-là, il s'arrêta dans les rues pour les observer. Et tandis qu'il les examinait de la sorte, tandis qu'il était une fois de plus sur le point de s'en détourner, force lui fut de reconnaître qu'il désirait ardemment se rendre au cirque pour assister à l'unique représentation que la troupe donnerait bientôt.

Sa décision prise, il hésita encore longtemps et se trouva toutes les raisons du monde pour ne pas s'y rendre. À la fin, ce fut néanmoins plus fort que lui.

« Pourquoi n'irais-je pas après tout ? Si j'en ai envie... »

Ce soir-là, il laissa le vieil Argos seul et se mit en marche en direction de l'esplanade de l'autre côté de la ville.

— C'est toi qui gardes la maison ce soir, mon brave. Je ne rentrerai pas trop tard, rassure-toi ! dit-il au chien avant de partir.

Piétinant dans la neige, il pensa qu'il y avait peu de chance pour que quiconque parmi les anciens le reconnaisse ou le démasque : ses cheveux avaient blanchi, il avait beaucoup maigri, et depuis longtemps il portait une grosse barbe grisonnante qui le rendait méconnaissable.

Eugène trouvait étrange de retourner ainsi sur ses pas. Il trouvait étrange de pouvoir cheminer aussi simplement vers son passé.

De loin, il remarqua que les mêmes guirlandes de lumières illuminaient l'entrée du chapiteau. Lorsqu'il y pénétra enfin, il se dit d'emblée :

« Tiens, l'ouvreuse n'est plus la même. Celle-ci est plus jeune et plus souriante, et elle distribue les billets avec un entrain de débutante ! »

Il se mêla discrètement à la foule des enfants qui, impatients, chahutaient et trépignaient. Au milieu de tous ces visages enjoués, Eugène se demandait ce qu'il faisait là. Impitoyables, les enfants devaient aussi se demander ce qu'un vieil homme comme lui pouvait venir faire seul au cirque. N'aurait-il pas été davantage à sa place à jouer aux cartes dans un café enfumé du centre ?

Après qu'il eut un peu joué des coudes, Eugène parvint enfin à s'asseoir.

La piste n'avait pas changé. Elle était violemment éclairée, plus violemment éclairée que dans sa mémoire, mais sa mémoire pouvait très bien lui jouer des tours. Les lampes fumaient dans le froid. Le chapiteau lui paraissait immense. Tout là-haut, dans l'ombre, les trapèzes au repos ressemblaient à des souvenirs piteusement suspendus à l'oubli.

Il constata que Leo avait lui aussi déserté la place.

« Où peut-il bien être ? » se demanda-t-il.

Deux nouveaux clowns avaient repris leur ancien répertoire. Eugène reconnut leurs tours. Ce qui le fit sourire. L'écuyère n'était plus la même non plus.

Au moment où, tout comme il l'avait fait lui-même autrefois, son remplaçant brandissait son seau qui débordait de mousse pour le déverser sur l'autre clown assis par terre, jambes écartées, Eugène n'y tint plus et quitta le chapiteau.

Échauffés, les enfants riaient et criaient toujours.

Il s'éloigna et fit quelques pas au hasard dans le campement déserté. Malgré son manteau, son écharpe de laine et son bonnet, il avait froid. La neige cernait les roulottes plongées dans l'obscurité. Les braseros pétillaient au centre de la place. Un peu plus loin, une voix de femme attristée fredonnait une vieille chanson d'amour.

La roulotte où il avait vécu tant d'années avait été repeinte. Les marches avaient été réparées. Il se souvint alors d'Argos qui, lorsqu'il était encore un tout jeune chiot pataud et inexpérimenté, dévalait l'escalier et roulait immanquablement dans la neige, le museau en avant.

Il fit plusieurs fois le tour de la roulotte en l'effleurant du bout des doigts.

La neige craquait sous ses bottes.

Il entendait un ours qui maudissait sa chaîne dans la nuit.

Soudain un chien aboya tout près et Eugène prit peur. Il craignait d'être surpris. Il redoutait qu'on le prenne pour un voleur, pour quelqu'un de mal intentionné qui rôdait de façon suspecte autour de la roulotte. Alors il s'enfuit et disparut dans le bois tandis que le chien mécontent continuait de gronder.

En chemin, il songea que le fidèle Argos devait commencer à s'impatienter et que, par ailleurs, il n'avait pas revu le directeur non plus.

66

Naturellement, Jakob n'avait pas oublié Eugène ni l'enfant malheureux et taciturne qu'il avait été et qui, un jour, s'était fait la promesse de le retrouver. Mais Eugène était devenu un vieux souvenir, un fantôme du passé qui hantait sa mémoire.

Il y pensait encore souvent.

« Eugène peut se trouver n'importe où dans le monde à l'heure qu'il est. » Peut-être travaillait-il encore à nourrir les animaux et à balayer les gradins dans un cirque inconnu ? Peut-être avait-il même un jour croisé sa route ? Comment le savoir ? Après tout, il n'avait jamais vu son visage.

Il pouvait donc être n'importe qui.

Il se pouvait aussi qu'il ne soit plus de ce monde…

67

Pendant des années, Jakob s'efforça d'apprendre tout ce qu'il pouvait à propos d'Eugène. Il se renseignait auprès d'autres clowns qui l'avaient connu. Grâce à ses relations, grâce à ses investigations, il finit même par rencontrer Leo qui se produisait depuis longtemps dans un autre cirque et qui le reçut dans sa roulotte.

Leo n'avait jamais eu de nouvelles d'Eugène depuis sa disparition. Il ne savait plus rien de lui. Il n'avait jamais compris pourquoi il avait disparu en pleine gloire sans laisser de traces et sans jamais donner signe de vie.

— Comment est-ce possible ? demanda-t-il à Jakob au cours de leur entrevue.

Jakob devina de la tristesse dans sa voix.

— Je ne sais pas… avait-il répondu.

Ce fut un moment très émouvant de pouvoir parler d'Eugène avec son ancien complice. Jakob l'écouta puis il lui raconta comment, un soir, Eugène lui avait irrésistiblement donné envie d'être clown, mais par pudeur il passa ses larmes sous silence. Ensuite Leo lui montra quelques photographies, mais aussi de vieilles coupures de presse du temps où il travaillait avec Eugène, et Jakob les confronta aux souvenirs qu'il avait gardés de cette lointaine soirée.

Jakob demanda à Leo s'il était d'accord pour lui en offrir une.

— Bien sûr, j'en ai tout un tas dans mon album. Tu peux choisir celle que tu veux.

Puis il dit songeur :

— Ce qui m'a le plus étonné quand Eugène a disparu, c'est qu'il ne m'a même pas laissé un mot. Nous étions amis tout de même ! On n'a rien retrouvé dans sa roulotte, ni son costume, ni son miroir, ni sa boîte de maquillage. Mais, je ne crois pas qu'il s'en soit débarrassé. Il y tenait trop. Je pense plutôt qu'il les a emportés avec lui.

Enfin, Leo murmura encore :

— Au fond, je ne lui en veux pas. Je ne sais pas où il est, mais j'espère qu'il va bien…

Tandis qu'il parcourait patiemment l'album de Leo, Jakob constata qu'Eugène avait invariablement été photographié avec son maquillage et jamais à visage découvert. Il comprit alors que, contrairement à ce qu'il avait espéré, il ne connaîtrait pas son visage ce jour-là. Il comprit qu'Eugène serait toujours grimé, qu'il ne serait jamais qu'un masque de clown et qu'un costume rutilant.

« Après tout, songea-t-il, c'est comme si, volontairement ou non, il n'avait pas voulu qu'on connaisse son visage. C'est comme s'il avait souhaité qu'on se souvienne seulement du clown, comme s'il avait toujours eu dans l'idée de disparaître un jour. Mais peut-être n'est-ce qu'une coïncidence… »

Cela dit, cette idée le troubla autant que Leo lorsqu'il lui en fit la remarque.

— C'est vrai, dit Leo, je ne m'en étais jamais rendu compte. Je me demande à quoi ressemble Eugène aujourd'hui, ajouta-t-il songeur. Il a dû vieillir… comme nous tous… au moins sous le maquillage, ça ne se voit pas… et si on est en forme, on peut encore passer pour un jeune clown même si, comme moi, on ne l'est plus depuis longtemps.

68

Jakob hésita quelque temps puis, grâce à la photographie que Leo lui avait donnée, il se fit confectionner le même costume étoilé qu'Eugène.

Dès lors, il le porta rituellement. C'était sa façon à lui de rendre hommage au clown disparu et d'entretenir son souvenir.

À cette époque, il prit également l'habitude de se maquiller comme Eugène, à ceci près que le petit éclair noir se trouvait au-dessus de son sourcil gauche, comme si Eugène s'était regardé dans un miroir.

Le soir, seul dans sa roulotte lorsqu'il se démaquillait, il lui arrivait parfois de se demander si Eugène serait fâché ou s'il serait plutôt curieux d'apprendre qu'un autre clown l'imitait à ce point. Alors il se plaisait à imaginer qu'Eugène, où qu'il se trouve dans le vaste monde, entendrait un jour parler de lui et de sa tenue. Et qu'il viendrait à lui pour confondre celui qui avait ainsi usurpé son apparence de clown.

« Mais tout ça n'est pas bien sérieux », se disait-il.

En tout cas, Auguste avait eu entièrement raison : il pouvait devenir Eugène à présent qu'il était Jakob.

69

Par la suite, Eugène ne retourna plus jamais au cirque et n'y repensa plus que très rarement.

Des années plus tard, son imposante barbe avait encore blanchi. Le fidèle Argos était devenu un très vieux chien. Un nuage blanc auréolait sa truffe. C'est avec difficulté qu'il suivait encore son maître dans les allées les soirs d'été. Il était devenu sage, il n'essayait plus de courir après les chats, mais les regardait passer, indifférent.

Ce jour-là, Eugène avait refermé les grilles un peu plus tard que d'ordinaire.

Le lendemain matin, on inhumait un vieux clown qui s'était retiré depuis longtemps et il fallait que tout soit prêt. Eugène se souvenait d'avoir quelquefois entendu parler de lui à ses débuts, mais il ne le connaissait pas et ne l'avait jamais rencontré.

Le soir, il dîna tôt.

C'était encore l'été, la nuit n'était pas complètement tombée.

Eugène avait laissé la porte de la cuisine ouverte afin de pouvoir profiter de la fraîcheur qui s'annonçait enfin.

Les roses embaumaient sous sa fenêtre.

Les grillons stridulaient dans le soir.

Lorsqu'à la fin du repas, il se lava les mains, Eugène éprouva subitement le besoin de se regarder dans le miroir accroché au-dessus de l'évier de sa modeste cuisine. Il se demandait depuis combien d'années il n'avait pas pris le temps de se regarder sérieusement dans un miroir.

«Je n'en sais rien, à vrai dire, mais ça fait bien longtemps…»

Dans le miroir, il ne put éviter ses yeux fatigués, mais toujours pétillants.

Il vit cette barbe broussailleuse qui depuis des années dissimulait la moitié de son visage.

Il se regarda longtemps.

Il oublia Argos qui l'attendait dehors.

Il oublia le passé, il oublia l'avenir.

Penché au-dessus de l'évier, il était suspendu à ce regard qui soudain ne lui semblait plus ni insignifiant ni tout à fait inconnu. Alors, il s'approcha encore davantage du miroir et posa délicatement ses doigts sur ses joues, caressa son nez et ses sourcils. Puis il passa une main complice dans ses cheveux pour les rejeter en arrière.

Et pour la première fois depuis longtemps, Eugène se souvint de l'enfant. Il l'entendait sangloter, mais il n'entendait plus les débordements déchaînés des autres enfants. Un grand silence s'était soudain installé sous le chapiteau.

70

À l'occasion de l'enterrement d'Auguste, Jakob séjourna de nouveau dans la petite ville.

Assis seul dans le jardin de son vieux maître, il était triste. C'était un beau jour, à la fin de l'été, les feuilles des pommiers brillaient dans le soleil du matin. De nombreux fruits avaient roulé dans l'herbe. Les oiseaux avaient envahi le jardin.

Jakob se souvenait du temps où, ici même, Auguste lui apprenait à jongler, à tomber, à marcher avec d'énormes chaussures et à bien poser sa voix.

Il se revoyait jeune garçon à l'écoute des précieuses indications d'Auguste et il soupira.

Assurément, son vieux maître allait lui manquer.

71

Eugène remarqua d'emblée que cet enterrement n'était pas un enterrement comme les autres.

Après tout, on enterrait un clown.

Ses anciens compères, mais aussi d'autres, plus jeunes, tous en tenue de scène, étaient venus pour lui rendre un dernier hommage. Si Auguste avait vécu solitaire après le décès de sa femme, il avait néanmoins rencontré beaucoup de monde au cours de sa carrière. Des jongleurs étaient là, des chanteurs, des chiens savants à qui on fit faire des tours autour de la tombe – Argos les surveilla du coin de l'œil sagement couché aux pieds d'Eugène –, des musiciens, violonistes, flûtistes, trompettistes et contrebassistes qui firent vibrer l'air de ce radieux matin d'été.

Ce fut un enterrement fort joyeux.

Tous souriaient, chantaient et prenaient gaiement congé de leur ami. Chacun fit un petit discours avant de jeter une poignée de terre dans la tombe, comme le voulait l'usage.

Eugène se tint à l'écart, mais suivit le spectacle avec beaucoup d'intérêt, les bras croisés devant ses fenêtres. À plusieurs reprises, il s'amusa des facéties de certains.

Quand le groupe se fut dissipé et que le cimetière eut retrouvé sa quiétude et sa solitude habituelles, Eugène prononça quelques mots à l'attention de ce confrère inconnu, puis regarda les fossoyeurs refermer la tombe.

72

Cette nuit-là, il fit un rêve dans lequel il creusait lui-même la tombe du vieux clown. Il était habillé en clown. Il avait revêtu son beau costume de scène surpiqué d'étoiles qu'il n'avait plus retiré de l'armoire depuis si longtemps. Il était grimé comme autrefois. D'un pas alerte, juvénile, presque dansant, il traversait le cimetière une lanterne à la main. Argos frétillait sur ses talons puis le regardait creuser sous la lune. Et pendant ce temps, Eugène chantonnait, racontait des histoires à un partenaire invisible qui lui donnait la réplique.

Son costume blanc éclatait dans la nuit.

73

Le lendemain, un peu avant qu'il ne referme les grilles du cimetière, Eugène croisa un jeune homme vêtu de sombre dans les allées. Le jeune homme, qu'il pensait n'avoir jamais vu, le salua et, malgré son air grave, lui sourit furtivement tandis qu'il passait près de lui. Puis il se dirigea tout droit vers la tombe du vieux clown devant laquelle il demeura recueilli.

Étrangement, le regard triste de ce visiteur lui remit aussitôt en mémoire le visage en pleurs de l'enfant d'autrefois.

Sans raison, à peine entraperçu, ce visage inconnu avait exhumé cet autre visage presque oublié.

Eugène était troublé.

À l'heure de la fermeture, l'homme était toujours immobile près de la tombe, tête baissée.

Eugène, qui ne voulait pas troubler sa méditation, tira une chaise dehors et s'installa près des grilles. Argos se coucha à ses pieds et ils attendirent patiemment que l'inconnu se décide à quitter le cimetière.

Bien après l'heure de fermeture, l'homme se détourna enfin de la tombe et se dirigea lentement vers la sortie.

Lorsqu'il passa devant Eugène, celui-ci fut déconcerté par son air grave et peiné.

Alors Eugène, qui s'était dressé, éprouva tout à coup le besoin de lui adresser la parole, mais, comme il ne savait pas quoi lui dire, il demeura une seconde muet en face de l'inconnu, une seconde qui, pour la deuxième fois de sa vie, lui sembla une éternité.

L'homme s'en fut donc.

Eugène, mécontent de lui et de son manque d'audace, ferma les grilles, les verrouilla et rentra chez lui sans pouvoir chasser le regard du jeune inconnu de ses pensées.

74

Deux jours plus tard, le jeune homme reparut à la même heure, toujours taciturne et vêtu de sombre.

Eugène était ravi de le revoir.

«Cette fois, je ne laisserai pas filer ma chance», se dit-il en le regardant s'éloigner.

Comme si c'était déjà une habitude, l'inconnu s'éternisa près de la tombe et ne repartit que fort tard.

Installé sur sa chaise devant les grilles, Eugène patientait.

À présent, l'homme avançait tranquillement dans l'allée en regardant autour de lui.

Eugène avait eu le temps de réfléchir à ce qu'il lui dirait, mais maintenant que l'inconnu était sur le point de le rejoindre, il avait soudain tout oublié.

Mais qu'importe, il fallait à tout prix qu'il lui dise quelque chose!

Eugène s'était timidement levé.

Le jeune homme se tenait déjà devant lui. Il s'apprêtait à le saluer et à passer son chemin quand Eugène lui demanda assez maladroitement si par hasard il avait un quelconque lien de parenté avec le vieux clown décédé.

C'était la première chose qui lui était passée par la tête.

«J'espère que je ne l'ai pas froissé», pensa-t-il aussitôt, confus.

L'inconnu le dévisageait.

La question inattendue d'Eugène semblait l'avoir surpris. Mais surtout sa voix, lente et profonde.

«J'ai l'impression que j'ai déjà entendu cette voix quelque part, mais où ?» pensa Jakob.

Peut-être se trompait-il. Il avait beau l'examiner, le gardien du cimetière lui était parfaitement inconnu.

Jakob hésita encore un instant, puis il répondit :

— Non, ce n'était pas un membre de ma famille, pas du tout, mais je le connaissais bien et je l'aimais beaucoup. Je l'aimais un peu comme un père. Je lui dois tout, en vérité.

Et il se replongea dans ses souvenirs, il repensa au jardin d'Auguste sous la neige, à leurs fous rires, à la cheminée qui, l'hiver, les jours de grand vent, tirait mal. Il se remémora la première tasse de café qu'il lui avait offerte dans la cuisine et qu'il avait poliment refusée.

Bizarrement, il semblait à Eugène que le jeune inconnu avait envie de s'épancher, qu'étrangement, il avait envie de se confier à lui, le gardien du cimetière qu'il n'avait jamais vu et qui, sans raison, lui posait des questions.

En effet, Jakob reprit la parole et déclara posément :

— Quand j'ai débuté dans le métier, c'est lui qui m'a dirigé et guidé patiemment. Et Dieu sait s'il lui a fallu de la patience ! C'est lui qui m'a tout appris, voyez-vous.

Eugène n'était pas sûr d'avoir bien entendu.

— Vous êtes clown ? demanda-t-il, éberlué.

— Oui, je suis clown, répondit Jakob, mais vous savez, lorsque je ne suis pas maquillé et que je ne porte pas mon costume de scène, personne ne peut le deviner. Ce n'est pas écrit sur mon front. Mais… on dirait que cela vous étonne.

Eugène pensa qu'après tout il n'était pas si surprenant qu'un clown vienne se recueillir un moment sur la tombe d'un autre clown. Surtout si ce dernier lui avait tout appris.

Il se souvint alors de son précieux costume de scène qui depuis des années était pendu au fond de son armoire, et du charme douillet de sa roulotte d'autrefois.

— C'est un étrange métier, dit encore Eugène qui tâchait de retenir l'inconnu par tous les moyens.

— C'est vrai, dit celui-ci, nous ne sommes pas très nombreux, nous autres, et personne ne nous connaît vraiment. Personne ne nous connaît, en réalité, soupira-t-il.

— Et vous êtes clown depuis longtemps ? demanda Eugène.

Argos s'était faufilé entre eux. Il avait passé la tête entre les barreaux de la grille et surveillait la rue silencieuse en remuant mollement la queue.

L'inconnu lui jeta un coup d'œil et dit :

— Depuis toujours, si j'ose dire.

Puis il regarda de nouveau Eugène avec insistance et curiosité.

Pourquoi cet homme lui donnait-il envie d'en raconter davantage ?

« Je n'ai pourtant pas l'habitude de raconter ma vie à des inconnus… »

Et puis soudain Jakob se souvint de cet homme et de ce chien qu'il avait aperçus quelquefois au bord du lac, quand il allait se baigner avec Auguste en été. Le chien attendait toujours sagement son maître sur le bord en remuant la queue comme le chien du gardien venait de le faire devant la grille. Mais parfois, il grimpait sur le dos de son maître qui le promenait sur le lac en lui faisant la conversation.

Jakob reconnut le chien. Puis l'homme et sa grosse barbe grisonnante.

« Voilà donc où j'ai entendu cette voix ! »

Jakob poursuivit :

— J'ai grandi dans différents orphelinats, voyez-vous. Un soir, j'étais encore très jeune, on nous a emmenés au cirque. C'était la première fois de ma vie que j'y allais. Et je n'étais pas le seul dans ce cas-là. On attendait ça avec impatience. On ne parlait que de ça entre nous. Il y avait à l'époque une troupe qui venait dans cette ville chaque année au début de l'hiver. Elle y vient toujours, du reste. Ce soir-là, nous avons traversé la ville dans le froid pour nous rendre au cirque. Il s'y produisait alors un clown qui portait un costume éblouissant parsemé d'étoiles. Dès que je l'ai vu pénétrer sur la piste, mon cœur s'est mis à battre très fort et c'était comme si, tout d'un coup, plus rien n'existait autour de moi...

À ce moment-là, tandis que l'inconnu continuait de raconter son histoire debout face à lui devant les grilles du cimetière, Eugène aurait donné beaucoup pour pouvoir se rasseoir sur sa chaise. Sa tête s'était mise à tourner.

— ... j'étais tellement heureux, j'étais tellement ému, qu'au bout de quelques minutes, je me suis mis à pleurer. Et quand tous les autres enfants riaient, s'amusaient et tapaient des pieds, moi, je pleurais bêtement dans mon coin. Mais, moi, à cet instant précis, j'ai compris que je voulais être clown, que je voulais être comme lui. Je savais que je voulais avoir un beau costume étincelant comme le sien, je savais que je voulais me maquiller, marcher, parler comme lui, je savais déjà que je voulais être lui. C'était plus fort que moi. Et c'est ce que je suis devenu, un clown, comme lui...

Le jeune homme avait l'air très touché. Eugène ne le quittait pas des yeux. Il sentait ses jambes se dérober sous lui. Il avait pâli. Quel vertige ! Il éprouvait soudain une immense joie, mais aussi une grande panique.

Jakob reprit :

— L'année suivante, je n'ai pas pu retourner au cirque, alors que j'avais attendu ça pendant si longtemps parce que, comme beaucoup d'autres, j'avais attrapé la grippe. Mais cette année-là, personne n'a vu Eugène le clown. Eugène c'était son nom, son nom de scène ou son vrai nom, je ne sais pas. Cette année-là, Eugène avait cessé de se produire, personne ne savait pourquoi. Il donnait toujours un coup de main au cirque, mais il ne voulait plus être clown. Et ensuite, il a disparu et jamais personne n'a plus entendu parler de lui. Je me souviens que je suis resté inconsolable pendant des jours et des jours en l'apprenant. Mon idole s'était volatilisée. Et moi non plus, je n'ai jamais su ce qu'il est devenu…

L'inconnu avait souri en disant ces derniers mots. Comme si le souvenir inattendu d'Eugène le clown l'amusait, et le rendait agréablement nostalgique.

La nuit tombait doucement.

Dans la rue déserte, les réverbères s'allumaient. Jakob regarda au-delà des grilles puis ajouta :

— Excusez-moi, mais je vais devoir vous laisser. J'ai beaucoup parlé. Il est tard, je vous dérange et je vous empêche de faire votre travail. Je vous remercie de m'avoir écouté si courtoisement. Sachez que j'ai beaucoup apprécié ce moment en votre compagnie.

Eugène tâchait de se ressaisir. Il réfléchissait.

Que fallait-il faire ?

Il s'appuyait sur le dossier de sa chaise. Il scrutait le visage de l'homme en silence. Il y mettait tant d'insistance qu'il craignait que l'inconnu ne s'en trouve embarrassé. Il ne voulait surtout pas le voir partir à présent qu'il l'avait retrouvé. Assez de temps perdu ! Il n'y avait donc plus qu'une seule chose à faire... trouver le moyen de le retenir à tout prix et ensuite... ensuite... il savait ce qu'il allait faire. Aussi eut-il le courage de dire la gorge serrée :

— Non, ne vous inquiétez pas, vous ne me dérangez pas du tout, non pas du tout... j'ai tout mon temps, d'ailleurs. La nuit est douce. Si je ferme les grilles un peu plus tard que de coutume, ce n'est pas bien grave. Personne n'y trouvera à redire. Mais vous-même, auriez-vous un petit moment à m'accorder, j'aimerais vous montrer quelque chose, si vous le permettez.

Il était lui-même étonné de sa témérité.

« Il faut que je le retienne, il faut que je le retienne coûte que coûte ! »

Mais allait-il accepter ?

Jakob était déconcerté. Il s'apprêtait à aimablement refuser lorsque, à la fin, il se sentit suffisamment intrigué par la question saugrenue du gardien du cimetière pour lui demander :

— Vous voulez me montrer quelque chose ? C'est assez inattendu... mais pourquoi pas ? J'ai tout mon temps, moi aussi.

Après tout, l'homme lui inspirait confiance. Il était affable et possédait une voix profonde et agréable qui lui plaisait.

« Mais que peut-il bien avoir à me montrer de si important ? » s'interrogeait-il.

Au fond de lui, il songeait que c'était un drôle de bonhomme quand même. Et quel étrange métier !

Eugène était enfin rassuré. Il ne tenait plus en place. Il exultait.

— Dans ce cas, si vous voulez bien, prenez la peine de me suivre, dit-il encore en se réjouissant.

Il repoussa alors les grilles sans les verrouiller et tous les trois – les deux hommes et Argos – se dirigèrent vers sa maison. Ils marchaient côte à côte et le chien se déhanchait douloureusement quelques pas derrière eux. À vrai dire, Eugène avait très envie de courir.

Il installa Jakob sur une chaise dans son jardin et lui demanda de l'attendre et de ne pas bouger, ce ne serait pas long.

— Souhaitez-vous boire quelque chose en attendant ?

— Non, je vous remercie.

L'humidité du soir distillait le doux parfum des roses.

Par la porte de la cuisine restée ouverte, la lumière se faufilait dehors en serpentant sur l'étroite terrasse.

Amusé, Jakob songeait :

« Quelle drôle d'histoire ! Et quelle étrange soirée ! »

Puis il se prit à regarder le ciel étoilé et à songer au verger pentu de la maison d'Auguste. Enfin, il repensa à cette lointaine représentation, une nuit d'hiver glaciale, alors qu'il était encore un enfant.

Le cœur battant, Eugène s'était précipité dans sa chambre.

Jakob, l'enfant qui autrefois l'avait bouleversé, était assis sur une chaise dans son jardin. Il n'en revenait pas et se le répétait sans cesse. Ce n'était pas possible. Il devait rêver. Pourtant, à travers les volets croisés de sa chambre, il l'entendait qui parlait à Argos roulé en boule à ses pieds.

Afin qu'il ne s'impatiente pas, par la fenêtre ouverte, il cria une première fois :

— J'arrive !

Il souriait.

Il se félicitait du tour qu'il allait bientôt lui jouer.

Eugène ouvrit son armoire.

Il y avait là son miroir soigneusement enveloppé ainsi que son beau costume de scène pieusement conservé.

Il installa fébrilement le miroir sur la commode branlante de la chambre. Il le débarrassa avec soin des linges poussiéreux qui le protégeaient depuis des années et s'y refléta pour la première fois depuis ce jour lointain où il avait laissé le cirque derrière lui dans le froid matin d'hiver.

Le miroir était intact. Les ampoules étoilées s'allumèrent. Deux d'un côté, deux de l'autre. Tout comme autrefois.

Puis Eugène déposa son costume sur le lit dans sa housse de toile et se rua dans la salle de bains.

Mais avant ça, par la fenêtre, il cria de nouveau :

— J'arrive, j'arrive !

« Il m'attend dehors, assis sur une chaise ! Il ne faut surtout pas perdre de temps ! Il ne faut surtout pas le faire attendre trop longtemps ! »

Devant le miroir de la salle de bains, Eugène fit disparaître sa barbe le plus rapidement qu'il put. Il retrouva alors son visage comme on retrouve un ami perdu qui, certes, a changé, mais qui est néanmoins toujours le même.

Jakob se demandait ce que pouvait faire le gardien. Il n'entendait aucun bruit. Le chien somnolait paisiblement à ses pieds.

« Qu'est-ce que je fais là, au juste ? Ne vaudrait-il pas mieux que je m'en aille ? »

Il n'avait que quelques pas à faire pour gagner discrètement la sortie et disparaître.

«De toute façon, je repars demain et il y a de grandes chances pour que je ne revoie pas cet homme de sitôt...»

Toujours est-il qu'il hésita. Il ne pouvait tout de même pas partir comme ça...

«Et puis, au fond, j'avoue que je suis curieux de voir ce qui va se passer...»

Il se leva, fit quelques pas dans la nuit et, pour patienter, admira les rosiers qui entouraient la terrasse puis se rassit.

De retour dans sa chambre, Eugène attrapa sa boîte de maquillage au fond de l'armoire, tira une chaise devant la commode et s'installa face à son miroir. Il ajusta un bandeau dans ses cheveux. Il se sentait intimidé. Il avait les larmes aux yeux. Mais, comme autrefois, sans rien avoir oublié de sa dextérité passée, il étala le fard blanc sur son visage et sur son cou. Puis le fard rouge. Et enfin le noir, la petite touche de noir pour le froncement de sourcil à la fois sévère et coquin.

Quand il eut terminé, il se regarda et sourit enfin à l'autre Eugène qui le contemplait dans le miroir et lui retournait son sourire.

Puis il enfila son beau costume de scène surpiqué d'étoiles et se coiffa de son petit chapeau pointu. Enfin, il tourna plusieurs fois sur lui-même afin de s'assurer que tout était en ordre.

Son costume rutilait.

L'enfant l'attendait.

Il laça alors ses grosses chaussures de scène.

Il était prêt.

Eugène sortit par la porte de derrière. Il contourna la maison en vitesse dans les froissements soyeux de son beau costume et retrouva l'enfant sur la terrasse.

C'était une splendide nuit d'été.

Le jardin retenait prisonnière la fragrance tenace des roses qui, jour après jour, lentement se fanaient.

Quelques rares oiseaux trillaient encore, invisibles.

Des chauves-souris s'égaillaient, attirées par la lumière de la cuisine.

La ville au loin semblait déjà assoupie.

Les étoiles ne perdaient pas une miette de ce qui se passait sur la Terre, dans ce jardin.

Un timide croissant de lune se levait.

Lorsqu'il devina sa présence, Argos leva la tête et, surpris, regarda Eugène. Il commença par gronder un peu avant de remuer la queue, rassuré.

— Eh bien, tu ne me reconnais pas, mon brave ? lui demanda Eugène qui lui caressa le museau une fois qu'il fut parvenu à se dresser.

Le chien lécha sa main fardée puis se recoucha au pied de Jakob.

Quand Jakob aperçut Eugène, il reconnut aussitôt l'inoubliable costume qui l'avait fait tant rêver autrefois et qu'il portait lui-même depuis longtemps. Il eut soudain la curieuse impression de se regarder dans un miroir et de retourner des années en arrière.

Et il pensa aussitôt : « Mais alors cette voix… bien sûr… mais comment… ? »

Eugène et Jakob se regardèrent.

Eugène dit, ébahi :

— C'est donc vous l'enfant qui pleurait et que j'ai tant cherché…

Jakob s'étonna fort des derniers mots d'Eugène.

— Vous m'avez cherché ? demanda-t-il.

— Parfaitement… et pendant des années…, répondit Eugène.

Jakob était de plus en plus troublé.

— Mais moi aussi je vous ai cherché en vain pendant des années… J'ai même rencontré Leo votre ancien partenaire…

Puis ils se turent et se dévisagèrent de nouveau un moment, assaillis par d'étranges pensées, par d'étranges souvenirs.

Enfin, ils sourirent.

L'enfant pensa alors qu'il avait retrouvé Eugène.

Eugène pensa alors qu'il avait retrouvé l'enfant.

Eugène avait retrouvé Eugène.

L'éclair au-dessus de son sourcil fulgurait.

Sa grande bouche de clown riait.

Jakob savait qu'il ne rêvait pas, mais il voulait en être sûr.

— Vous… vous êtes vraiment Eugène ? bafouilla-t-il.

— Lui-même, mon cher ! répondit Eugène, réjoui.

— C'est incroyable… mais… mais qu'est-ce que vous faites dans ce cimetière ?

Amusé, Eugène le fixait mais ne répondait pas. Il semblait réfléchir tandis que, tout content, Argos remuait la queue.

Puis, prenant appui sur la chaise devant lui, il finit par dire :

— Ça, c'est une longue, longue histoire… et si vous y tenez, je vous la raconterai volontiers.

Jakob était si ému qu'il ne parvint qu'à articuler un timide : « Oui bien sûr ! » et attendit. Il ne savait pas s'il devait rester assis ou se lever. S'il devait parler ou se taire. Il hésitait. Il continuait à se dire : « Mais comment est-ce possible ? »

À la fin, il se leva.

Eugène reprit :

— Mais vous devez me raconter la suite de votre drôle d'histoire, n'est-ce pas ?

Jakob l'examinait avec curiosité et essayait de retrouver les traits du gardien du cimetière, enfin d'Eugène, sous son maquillage. Or, il lui semblait qu'il avait déjà oublié son visage. Décidément, Eugène semblait insaisissable. Un vrai mystère, même à présent. Toujours est-il qu'une fois de plus cette voix qu'il n'avait jamais oubliée le ravissait et lui rappelait inévitablement ce fameux soir… Il se sentait de plus en plus impatient d'écouter son récit.

— Je crois que oui… et je vous raconterai volontiers la suite. Il me semble que nous avons vraiment beaucoup de choses à nous dire… je n'en reviens pas. Et dire que vous étiez là tout près pendant toutes ces années. Dire que je vous ai vu au bord du lac plusieurs fois avec votre chien…

— Eh oui, dit Eugène… c'est étrange…

Eugène n'avait plus en tête le nombre exact des années qui avaient passé. Mais elles avaient passé, ça oui.

Il dit alors :

— Venez, allons faire quelques pas. Il fait bon, les rosiers embaument et nous avons tout notre temps. Nous pouvons parler toute la nuit, si ça nous chante. Personne ne nous dérangera. Regardez-moi ce ciel, n'est-ce pas magnifique ?

Jakob leva les yeux. Les étoiles scintillaient tout autant que les étoiles cousues sur le costume d'Eugène, en tous points semblable au sien.

— Allons-y, dit-il en suivant Eugène qui s'était écarté pour le laisser passer et lui indiquer le chemin.

À peine s'étaient-ils un peu éloignés parmi les allées mal éclairées qu'Eugène s'écria soudain :

— Mais où ai-je la tête, je ne vous ai même pas demandé votre nom !

C'était vrai. Jakob éclata de rire. C'était ridicule, lui non plus n'avait pas songé à se présenter.

— Je me nomme Jakob et sur scène je suis Jakob le clown.

— Jakob le clown… c'est un très beau nom.

— Aussi beau qu'Eugène le clown, à mon avis.

Eugène ne répondit rien, mais demeura pensif.

— Cela fait bien longtemps que je n'ai plus entendu quelqu'un dire « Eugène le clown ». Mais qu'à cela ne tienne ! Sachez, jeune homme, que, comme vous pouvez le voir, Eugène le clown est de retour ! Vous l'avez ressuscité pour de bon ce soir ! Et vous ne le regretterez pas. Ah, ça non !

Ils cheminaient dans les graviers qui crissaient sous leurs semelles. Comme par le passé, les grosses chaussures d'Eugène le gênaient pour marcher et il allait les pieds en dehors, la tête haute, les mains croisées dans le dos. Jakob se tenait près de lui. Argos qui ne voulait pas être en reste se dandinait péniblement sur leurs talons.

Jakob était heureux.

Après un moment, Eugène se tourna vers son compagnon, puis, montrant d'une main les tombes alignées autour d'eux, il reprit en souriant :

— Finies les larmes, finis les tombes et les enterrements ! Jakob, je crois que c'est une grande amitié qui commence ce soir…

—Je crois aussi… Eugène… est-ce que je peux vraiment vous appeler Eugène ?

— Évidemment ! Comment voulez-vous m'appeler ?

Eugène éprouvait déjà pour ce jeune homme une sincère affection faite de temps, de silence et de gratitude, si bien qu'il se rapprocha de lui et passa son bras autour de ses épaules.

—J'aimerais remonter sur scène à présent, vous savez… nous pourrions y monter ensemble… Eugène et Jakob…

Il médita encore un peu et savoura l'effet que faisaient leurs deux prénoms soudain accolés, puis il dit :

— … ou plutôt, Jakob et Eugène. Ça sonne terriblement bien, vous ne trouvez pas ? Ça fera une sacrée belle affiche… mais enfin… en attendant… parlez-moi un peu de cette fameuse nuit où vous vous êtes mis à pleurer au cirque… c'est incroyable, que s'est-il donc passé ?

Et comme ils atteignaient l'extrémité d'une allée où se dressaient de beaux arbres assoupis, Jakob, encore tout troublé, songeait déjà à leurs deux costumes de scène qui, sur une piste immense, rutileraient bientôt sous le feux de la rampe. Puis il se mit à raconter comment ce soir-là il s'était fiévreusement préparé pour aller au cirque où il n'était encore jamais allé…

Alors Eugène l'écouta sans l'interrompre, fronçant de temps à autre le sourcil. Ils avançaient lentement, comme s'ils avaient encore une longue, longue route à parcourir, tandis qu'au-dessus de leurs têtes, les étoiles, attentives et muettes, guidaient leurs pas sous le grand chapiteau du ciel.

Remerciements

Mes chaleureux remerciements vont à Mélanie Edwards,
lectrice toujours attentive, toujours bienveillante et toujours avisée.
Merci infiniment pour tout le travail accompli ensemble.

Ph. L.

Philippe Limon

Né en 1965, Philippe Limon est écrivain et enseignant en lettres. Il a exercé divers métiers avant d'entreprendre des études de Lettres et de devenir enseignant. Passionné de cinéma, il a animé plusieurs ateliers autour du 7ᵉ art dans le cadre de sa profession. Pendant longtemps, il a écrit des histoires qu'il gardait pour lui. En 2017, il publie son premier roman à l'attention de la jeunesse, *Léonard et l'oiseau bleu* (Magnard Jeunesse). Viendront ensuite, *Philémon fait son cinéma* (2018), *Robinson le vendredi* (2018), *Les Nuits invisibles* (2019). Il est aussi l'auteur de deux titres de littérature générale, publiés chez Gallimard. Philippe Limon vit et travaille à Hyères, dans le Var.

Les Éditions La Joie de lire bénéficient d'un soutien structurel
de l'Office fédéral de la culture pour les années 2021-2024
et du soutien de la République et canton de Genève.

Chemin Neuf 5, CH-1207 Genève

ISBN : 978-2-88986-001-2
Dépôt légal : octobre 2024
Loi n° 49-956 du 16 juillet 1949
sur les publications destinées à la jeunesse
Imprimé en Allemagne
Ce livre est 100% neutre en carbone
Illustration de couverture : © Lisa Laubreaux
Mise en page : Pascale Rosier et Christelle Duhil

www.lajoiedelire.ch